ŒUVRES COMPLÈTES
DE
SIR WALTER SCOTT.

Traduction Nouvelle.

PARIS,
CHARLES GOSSELIN et A. SAUTELET et C°.
LIBRAIRES-ÉDITEURS.
M DCCC XXVIII.

OEUVRES COMPLÈTES

DE

SIR WALTER SCOTT.

TOME SOIXANTE-SEIZIÈME.

IMPRIMERIE DE H. FOURNIER,
RUE DE SEINE, N° 14.

LES CHRONIQUES DE LA CANONGATE.

DEUXIÈME SÉRIE.

SIC ITUR AD ASTRA.
(Devise des armoiries de la Canongate.)

LA JOLIE FILLE DE PERTH,

OU

LE JOUR DE SAINT-VALENTIN.

TOME TROISIÈME.

(St-Valentine's Day, or the fair Maid of Perth.)

LA JOLIE FILLE DE PERTH,

ou

LE JOUR DE SAINT-VALENTIN.

(The fair Maid of Perth.)

CHAPITRE XXIV.

Les incidens d'une histoire comme celle-ci doivent être adaptés les uns aux autres aussi exactement que les dents d'une clef doivent répondre aux gardes de la serrure. Le lecteur, quelque courtois qu'il puisse être, ne se croira donc pas obligé de se contenter du simple fait que tels et tels événemens ont eu lieu, ce qui pourtant, en général et dans le cours ordinaire de la vie, est tout ce qu'il peut savoir de ce qui se passe autour de lui.

Tout en lisant pour s'amuser, il désire en outre connaître les ressorts intérieurs qui font marcher les événemens. Cette curiosité est légitime et raisonnable ; car chacun a droit d'ouvrir la montre qui a été faite pour son propre usage, et d'en examiner le mécanisme, quoiqu'il ne lui soit pas permis d'inspecter de même l'intérieur de l'horloge placée au haut du clocher de la ville pour l'utilité générale.

Il serait donc impoli de laisser quelques doutes à nos lecteurs sur les moyens qui furent employés pour enlever de l'échafaud le corps de l'assassin Bonthron : événement que quelques citoyens de Perth attribuèrent au diable lui-même, tandis que d'autres se contentèrent d'en accuser les habitans du comté de Fife, à qui il répugnait assez naturellement de voir un de leurs concitoyens pendu sur le bord de la rivière, spectacle qu'ils regardaient comme déshonorant pour leur province.

Le jour où l'exécution avait eu lieu, à minuit environ, quand les habitans de Perth étaient ensevelis dans un profond sommeil, trois hommes, enveloppés dans leurs manteaux, et portant une lanterne sourde, descendirent les allées d'un jardin qui conduisait de la maison occupée par sir John Ramorny aux bords du Tay, où une barque était amarrée à une petite jetée qui servait de lieu de débarquement. Le vent faisait entendre un sifflement mélancolique à travers les arbrisseaux et les buissons dépouillés de feuilles ; et une lune pâle nageait, comme on le dit en Écosse, au milieu des nuages chassés rapidement, et qui semblaient menacer de pluie. Ces trois individus entrèrent dans la barque en prenant de grandes précautions pour ne pas être vus. L'un d'eux était grand et vigoureux ; le second, petit et courbé ; le troisième, de moyenne taille, et paraissant agile et actif. C'était tout ce qu'une clarté fort imparfaite permettait de distinguer. Ils s'assirent dans la barque, et détachèrent la corde qui la retenait au rivage.

— Il faut la laisser suivre le courant jusqu'à ce que nous ayons passé le pont, car les bourgeois y montent la garde, et vous savez le proverbe — Flèche de Perth vole toujours droit au but, — dit le plus jeune de la compagnie, qui se chargea des fonctions de pilote, et qui repoussa la barque du rivage, tandis que les deux autres prenaient les rames, qui étaient entourées de linge, et qu'ils firent mouvoir avec beaucoup de précaution jusqu'à ce qu'ils eussent atteint le milieu du fleuve. Alors ils cessèrent leur travail, s'appuyèrent sur leurs rames, et se reposèrent sur leur pilote du soin de maintenir la barque au milieu du courant.

Ils passèrent ainsi, sans qu'on les vît, ou sans qu'on fît attention à eux, sous les arches gothiques de l'ancien pont, construit par la munificence libérale de Robert Bruce, en 1329, et emporté par une inondation en 1621. Quoiqu'ils entendissent les voix de la garde civique qui, depuis le commencement de ces troubles, veillait toutes les nuits à ce poste important, on n'interrompit pas leur course, et quand ils furent assez éloignés pour ne plus craindre d'être entendus par ces gardiens nocturnes, ils commencèrent à ramer, mais avec précaution, et se mirent à causer à voix basse.

— Vous avez trouvé un nouveau métier, camarade, depuis que je vous ai vu, dit un des rameurs à l'autre. Je vous ai laissé occupé à donner des soins à un chevalier blessé, et maintenant je vous vois employé à voler un corps mort à l'échafaud.

— Un corps vivant, s'il vous plaît, maître écuyer, sans quoi ma science m'aurait bien mal servi.

— A ce que vous dites, maître apothicaire; mais, n'en déplaise à Votre Science, à moins que vous ne me disiez quels sont les moyens qu'elle a employés, je prendrai la liberté de douter du succès.

— Un moyen bien simple, maître Buncle; probablement trop simple pour plaire à un génie aussi délié que celui de Votre Vaillance. Voici ce que c'est. Cette suspension du corps humain, que le vulgaire appelle pendaison, cause la mort par apoplexie; c'est-à-dire que la compression des veines empêchant le sang de retourner au cœur, il se porte au cerveau, et l'homme meurt. De plus, et comme une cause additionnelle de dissolution, les poumons ne recevant plus la provision d'air vital qui leur est indispensable, attendu la ligature de la corde autour du thorax, le patient périt nécessairement.

— Je comprends assez bien tout cela, sire médecin; mais comment l'empêcher? demanda le troisième personnage, qui était Eviot, page de Ramorny.

— Parbleu, répondit Dwining, pendez-moi le patient de manière que les artères carotides ne soient pas comprimées, le sang ne se portera pas au cerveau, et il n'y aura pas d'apoplexie; ensuite s'il n'y a pas de ligature autour du thorax, l'air continuera à arriver dans les poumons, que l'homme soit suspendu au haut d'une corde, ou qu'il ait les pieds sur la terre ferme.

— Je comprends encore tout cela, dit Eviot; mais comment ces précautions peuvent se concilier avec l'exécution de la sentence de pendaison, c'est ce que mon esprit borné ne peut comprendre.

—Ah! bon jeune homme, ta vaillance a gâté un esprit qui avait de belles dispositions. Si tu avais étudié avec moi, tu aurais appris des choses bien plus difficiles. Mais voici les moyens que j'emploie : Je me procure certains bandages faits de la même substance que vos sangles de chevaux, ayant un soin tout particulier qu'ils soient fabriqués de manière à ne pouvoir s'allonger, quelque fortement qu'ils soient tendus, car cela ferait manquer mon expérience. Chaque pied du patient est placé dans un nœud de ce bandage, qui remonte ensuite de chaque côté des jambes jusqu'à une ceinture de même matière à laquelle il est attaché. De cette ceinture partent d'autres bandages qui remontent le long de la poitrine et du dos pour diviser le poids et mettre le pendu plus à son aise, et qui s'attachent (c'est là l'expédient le plus essentiel) à un large collier en acier, ayant un rebord recourbé en dehors, et garni de quelques crochets pour empêcher d'autant mieux le glissement de la corde, que l'exécuteur bien intentionné place autour de cette machine au lieu de l'appliquer sur le cou nu du patient. Par ce moyen, quand on le jette en bas de l'échelle, il se trouve suspendu, s'il vous plaît, non par le cou, mais par un cercle d'acier qui soutient les nœuds dans lesquels ses pieds sont placés, et qui supportent réellement le poids de son corps ; poids qui est encore diminué par de semblables bandages passés sous ses aisselles et également attachés au collier. Ainsi, ni les veines ni la trachée artère ne se trouvant comprimées, le pendu respirera aussi librement, et son sang, sauf la frayeur que lui cause la nouveauté de la situation, et malgré cette situation même, coulera aussi tranquillement que le vôtre quand vous êtes à cheval, les pieds appuyés sur vos étriers, un jour de bataille.

— Sur ma foi, c'est une étrange et rare invention, dit Buncle.

— N'est-il pas vrai? reprit Dwining, et digne d'être connue de deux esprits aussi entreprenans que les vôtres; car on ne peut savoir à quelle hauteur peuvent s'élever les gens attachés au service de sir John Ramorny; et s'il devenait jamais nécessaire de vous faire figurer au bout d'une corde, vous trouveriez ma manière plus commode que celle qui est ordinairement usitée; mais morbleu! il faut avoir un pourpoint à haut collet pour cacher le collier d'acier, et, par-dessus tout, il faut trouver un aussi bon compagnon que Smotherwell pour ajuster la corde.

—Vil marchand de poison! dit Eviot, les hommes de notre profession meurent sur le champ de bataille.

— Quoi qu'il en soit, ajouta Buncle, je me souviendrai de la leçon en cas de quelque occasion urgente. Mais quelle nuit doit avoir passée ce chien pendu, ce coquin de Bonthron, dansant un branle en plein air à la musique de ses chaînes, et faisant des coulés à droite et à gauche, suivant que le vent le pousse!

— Ce serait une bonne œuvre que de le laisser accroché au gibet, dit Eviot, car le sauver ce ne sera que l'encourager à commettre de nouveaux meurtres; il ne connait que deux élémens, le vin et le sang.

— Sir John Ramorny aurait peut-être partagé votre opinion, dit Dwining; mais il aurait fallu d'abord couper la langue du maraud, de peur qu'il ne racontât d'étranges histoires; et il y a d'autres raisons qu'il ne vous importe pas de connaître. En vérité, j'ai fait moi-même un trait de générosité en le servant ; car le drôle est bâti aussi fortement que le château d'Édimbourg, et son squelette aurait valu tous ceux qui se trouvent dans la salle de chirurgie de Padoue. Mais dites-moi, maître Buncle, quelles nouvelles avez-vous apportées du fier Douglas ?

— Demandez-le à ceux qui le savent, répondit Buncle, je suis l'âne qui porte les paniers, et qui ne sait pas ce qu'ils renferment. Cela n'est peut-être que plus sûr pour moi. J'ai porté des lettres du duc d'Albany et de sir John Ramorny à Douglas, et en les ouvrant il avait l'air aussi sombre qu'une tempête du nord. Je leur ai rapporté des réponses du comte, et ils ont souri comme le soleil quand il reparaît à la fin d'un orage d'été. Allez consulter vos éphémérides, docteur, et tâchez de deviner ce que cela signifie.

— Il me semble que je pourrais le faire sans qu'il m'en coûtât beaucoup de pénétration, répondit Dwining. Mais je vois là-bas au clair de la lune notre mort vivant. S'il avait crié pour appeler quelque passant ; c'eût été une singulière interruption pour un voyageur de nuit que de s'entendre appeler du haut d'un gibet comme celui-ci. Écoutez ! il me semble que j'entends ses gémissemens au milieu du sifflement du vent et du cliquetis de ses chaînes. Allons doucement et sans bruit amarrez la barque à l'aide du grappin, apportez la cassette et tout ce qu'il me faut. Un peu de feu ne nous ferait pas mal, mais la lumière pourrait nous exposer aux observations. Allons, mes braves, marchez avec circonspection, car nous marchons au gibet. Suivez-moi avec la lanterne. J'espère qu'on aura laissé l'échelle.

En approchant du gibet, ils entendirent distinctement des gémissemens qui étaient cependant étouffés. Dwining se hasarda à tousser une ou deux fois à voix basse par forme de signal, mais ne recevant pas de réponse : — Il faut nous hâter, dit-il à ses compagnons ; notre ami doit être à l'extrémité puisqu'il ne répond pas au signal qui lui annonce l'arrivée du secours qu'il attend. Allons, mettons-nous en besogne ; je vais monter le premier sur l'échelle pour couper la corde. Suivez-moi tous deux l'un après l'autre, et tenez bien le corps, de manière qu'il ne tombe pas quand le licou sera coupé. Ayez la main bien ferme et saisissez les bandages ; ils vous aideront à le soutenir. Songez que quoiqu'il joue cette nuit le rôle d'un hibou il n'en a pas les ailes, et tomber du haut d'une potence peut être aussi dangereux que d'y monter.

Tout en parlant ainsi il montait sur l'échelle, et s'étant assuré que ses compagnons soutenaient le corps du pendu, il coupa la corde et les aida à descendre le meurtrier, à qui l'on n'aurait pu assurer que l'existence fût conservée.

En employant heureusement la force et l'adresse, ils placèrent à terre le corps de Bonthron, et s'étant assurés qu'il donnait des signes de vie, bien faibles mais certains, ils le portèrent sur les bords du Tay, où, cachés par la hauteur des rives, ils étaient moins exposés à être découverts, tandis que Dwining s'occupait à lui rendre le sentiment, à l'aide des secours dont il s'était pourvu.

Son premier soin fut de le débarrasser de ses fers, que l'exécuteur avait pris la précaution de ne pas fermer pour faciliter cette opération. Il le débarrassa ensuite des bandages compliqués par lesquels il avait été suspendu; il se passa pourtant quelque temps avant que les efforts de Dwining réussissent, car, en dépit de l'adresse avec laquelle son appareil avait été construit, les sangles destinées à soutenir le corps avaient cédé au poids et à la tension au point de produire presque la strangulation. Cependant l'adresse du chirurgien triompha de tous les obstacles, et après une ou deux courtes convulsions, après avoir éternué et s'être étendu, Bonthron donna une preuve manifeste de son retour à la vie en saisissant la main de l'opérateur qui lui versait une liqueur spiritueuse sur la poitrine et sur le cou, et dirigeant sur sa bouche la fiole qui la contenait, il en avala, presque par force, une dose assez considérable.

— C'est une essence spiritueuse deux fois distillée, dit le pharmacien étonné : elle cautériserait le gosier et brûlerait l'estomac de tout autre; mais cet animal extraordinaire ressemble si peu aux autres créatures humaines, que je ne serais pas surpris qu'elle ne fît que lui rendre l'usage de toutes ses facultés.

Bonthron se mit sur son séant, promena autour de lui quelques regards égarés, et donna des signes de connaissance.

— Du vin! du vin! furent les premiers mots qu'il prononça.

Dwining lui offrit un verre d'eau et de vin, mêlé de quelque drogue médicinale; mais Bonthron le rejeta en lui donnant l'épithète peu honorable de lavage de ruisseau, et il répéta : — Du vin! du vin!

— Prends-en donc, au nom du diable! s'écria Dwining, car lui seul peut juger de la force de ta constitution.

Bonthron porta le flacon à ses lèvres, et un coup assez copieux pour déranger le cerveau de toute autre personne ne fît que rétablir l'équilibre du sien. Il ne parut pourtant pas se rappeler sur-le-champ où il était et ce qui lui était arrivé, et il demanda avec un ton bref et son air bourru pourquoi on l'avait amené sur le bord de la rivière à une pareille heure de la nuit.

— Quelque autre folie de cet enragé de prince, dit-il, pour me faire faire le plongeon, comme cela lui est déjà arrivé. Sang et ongles! je voudrais...

—Tais-toi, dit Eviot, et s'il existe en toi quelque reconnaissance, remercie-nous d'avoir empêché que ta carcasse ne soit la pâture des corbeaux, et que ton ame ne se trouve dans un lieu où l'eau est trop rare pour qu'elle y fasse le plongeon.

— Je commence à me rappeler.... dit le scélérat, qui s'interrompit pour porter une seconde fois à sa bouche le flacon de vin, auquel il donna une accolade cordiale. Le jetant par terre après l'avoir vidé, il baissa la tête sur sa poitrine, et sembla s'occuper à mettre de l'ordre dans ses souvenirs confus.

— Nous ne pouvons attendre plus long-temps le résultat de ses méditations, dit Dwining; il se trouvera mieux quand il aura dormi. Allons, Bonthron, levez-vous; vous avez passé quelques heures à voyager en l'air; essayez si un voyage par eau ne vous paraîtra pas plus commode. Allons, vous autres, prêtez-moi la main; je ne puis pas plus remuer cette masse de chair que je ne pourrais soulever un bœuf qu'un boucher viendrait d'abattre.

— Soutiens-toi donc sur tes jambes, Bonthron, à présent que nous t'avons mis sur tes pieds, dit Eviot.

— Impossible! chaque goutte de sang qui coule dans

mes veines semble être armée d'une pointe d'épingle, et mes genoux refusent de soutenir leur fardeau. Que veut dire tout cela? C'est quelque tour de ta façon, chien d'apothicaire!

— Oui, sans doute, oui, honnête Bonthron, et c'est un tour dont tu me remercieras quand le souvenir te reviendra. En attendant couche-toi sur la proue de cette barque, et laisse-moi te couvrir de ce manteau.

Ils portèrent Bonthron dans la barque, et l'y placèrent aussi commodément que la circonstance le permettait. Il répondit à leurs attentions par quelques murmures semblables au grognement du sanglier lorsqu'il trouve une nourriture qui lui est particulièrement agréable.

— Et maintenant, vaillant écuyer, dit Dwining à Buncle, vous savez ce que vous avez à faire. Vous allez conduire par eau cette cargaison vivante à Newburgh, et là vous en disposerez suivant les ordres que vous avez reçus. En attendant voici ses fers et ses bandages, marques de sa détention et de sa libération; faites-en un paquet et jetez-les dans l'endroit le plus profond de la rivière, car si on les trouvait en votre possession, ils pourraient déposer contre nous tous. Ce léger souffle de vent qui vient de l'ouest vous permettra de vous servir d'une voile dès qu'il fera jour, si vous êtes fatigué de ramer. Quant à vous, maître page Eviot, il faut que votre vaillance se contente de retourner à pied à Perth; car c'est ici que notre belle compagnie doit se séparer. Prenez la lanterne avec vous, Buncle, car elle peut vous être plus nécessaire qu'à nous, et ayez soin de me renvoyer ma cassette.

Tandis que les deux piétons retournaient à Perth, Eviot exprima sa conviction que l'intelligence de Bonthron ne reviendrait jamais du choc dont la terreur l'avait frappée, et qui paraissait avoir complètement dérangé toutes les facultés de son esprit et notamment sa mémoire.

— C'est ce qui vous trompe, maître page, répondit Dwining. L'intelligence de Bonthron, telle qu'elle est, a un caractère solide. Elle vacillera de côté et d'autre, comme un pendule qu'on a mis en mouvement, et ensuite elle reprendra son centre de gravité. De toutes les facultés de notre esprit, la mémoire est celle dont l'exercice est le plus sujet à se trouver suspendu. L'ivresse et le sommeil la font également perdre, et pourtant l'ivrogne la retrouve quand les fumées du vin se dissipent, et le dormeur quand il s'éveille. La terreur produit quelquefois les mêmes effets. J'ai connu à Paris un criminel condamné à la potence, et dont la sentence fut exécutée. Quand il fut sur l'échafaud il ne montra pas un degré extraordinaire de crainte, et il agit et parla comme le font en général ceux qui se trouvent dans cette situation. Le hasard fit pour lui ce qu'un petit artifice ingénieux a fait pour l'aimable ami que nous venons de quitter. Quand on rendit son corps à ses parens le principe de la vie n'était pas encore entièrement éteint en lui, et j'eus la bonne fortune de la rallumer. Mais quoiqu'il eût recouvré toutes ses facultés physiques, à peine se souvenait-il de son procès et de sa sentence. Il n'avait pas la moindre idée... hé! hé! hé! de s'être confessé le matin de son exécution. Mon revenant n'avait pas le plus léger souvenir d'être sorti de prison, d'avoir été conduit sur la Grève, où il avait été pendu; d'avoir... hé! hé! hé! édifié, par un discours dévot, un si grand nombre de bons chrétiens; ni d'avoir monté l'échelle, ni d'avoir fait le saut fatal. Cependant... Mais voici l'endroit où nous devons nous séparer, car il ne serait pas à propos qu'on nous trouvât ensemble, si nous venions à rencontrer la garde; et il serait même prudent de ne pas rentrer dans la ville par la même porte. Ma profession m'offre une excuse pour aller et venir de nuit comme de jour; et je suppose que, s'il en est besoin, vous trouverez aussi quelque prétexte pour justifier votre course nocturne.

— Ma volonté sera une justification que je rendrai suffisante si je suis interrogé, répondit le jeune homme avec hauteur; cependant j'éviterai toute rencontre, si la chose est possible. La lune est couverte de nuages, et la route est aussi noire que la gueule d'un loup.

— Bien, bien, dit Dwining, ne vous en inquiétez pas, nous aurons à marcher, avant qu'il soit peu, dans des chemins encore plus noirs.

Sans demander l'explication de cette phrase de mauvais augure, et presque sans l'avoir écoutée, attendu son caractère hautain et insouciant, le page de Ramorny se sépara de son subtil mais dangereux compagnon, et chacun d'eux se mit en marche d'un côté différent.

CHAPITRE XXV.

« L'amour véritable est un fleuve dont le cours n'est
» jamais tranquille. »

Les pressentimens fâcheux de notre armurier ne l'avaient pas trompé. Lorsque le bon Glover, après que lé'vénement du combat judiciaire eut été décidé, se fut séparé de celui dont il voulait faire son gendre, il reconnut, comme à la vérité il s'y était attendu, que sa fille n'était pas dans des dispositions favorables à son amant. Mais quoiqu'il s'aperçût que Catherine était froide, réservée, sérieuse ; qu'elle avait l'air d'avoir banni de son sein toutes les passions humaines, et qu'elle écoutait avec une tiédeur, qui allait jusqu'au mépris, la relation la plus brillante qu'il pût lui faire du combat qui avait eu lieu dans Skinners' Yards, il résolut de ne point paraître faire attention au changement survenu dans ses manières, mais de lui parler de son mariage avec Henry comme d'un événement qui devait nécessairement arriver. Enfin, quand elle commença, comme dans une première occasion, à lui déclarer que son attachement pour Henry Smith n'excédait pas les bornes de l'amitié; qu'elle était bien déterminée à ne jamais se marier; que le prétendu combat judiciaire était une insulte à la volonté divine et aux lois humaines, le gantier prit assez naturellement de l'humeur.

— Je ne puis lire dans tes pensées, ma fille, lui dit-il, et je ne saurais deviner d'après quelle illusion inconcevable tu embrasses un amant déclaré, tu lui permets de t'embrasser, tu cours chez lui quand le bruit de sa mort se répand, et tu te jettes dans ses bras quand tu l'y trouves seul. Tout cela est fort bien dans une fille disposée à obéir à ses parens et à contracter un mariage qui a obtenu la sanction de son père; mais de tels gages d'intimité accordés à un homme qu'elle ne peut aimer et qu'elle est résolue à ne pas épouser, sont contraires aux convenances et même à la bienséance. Tu as déjà été plus prodigue de tes faveurs pour Henry Smith que ta mère, à qui Dieu fasse paix! ne l'a jamais été pour moi avant que je l'épousasse. Je te dis, Catherine, que se jouer ainsi de l'amour d'un honnête homme, c'est une conduite que je ne puis, ni ne veux, ni ne dois endurer. J'ai donné mon consentement à ce mariage, et j'insiste pour qu'il ait lieu sans délai et que tu reçoives Henry Smith demain matin comme un homme dont tu dois être la femme sans attendre plus longtemps.

— Un pouvoir plus puissant que le vôtre s'y oppose, mon père.

— C'est ce que nous verrons. Mon pouvoir est légitime ; c'est celui d'un père sur sa fille, et sur une fille qui s'est fourvoyée. Les lois divines et humaines m'accordent l'autorité.

— En ce cas, que le ciel nous protège ! car, si vous vous opiniâtrez dans votre résolution, nous sommes tous perdus.

— Nous n'avons pas à attendre de secours du ciel, Catherine, quand nous agissons avec indiscrétion. Je suis assez clerc pour savoir cela, et il n'y a pas un prêtre qui ne vous informe que votre résistance sans motif à ma volonté est un péché. Mais il y a quelque chose de plus encore ; vous avez parlé en termes de mépris de l'appel au jugement de Dieu par l'épreuve du combat judiciaire. Prenez-y garde ; la sainte Église a pris l'éveil ; elle garde son bercail, et elle est disposée à employer le fer et le feu pour extirper l'hérésie ; je vous en avertis.

Catherine fit entendre une exclamation qu'elle retint à demi, et faisant un effort sur elle-même pour prendre un air calme, elle promit à son père que, s'il voulait remettre au lendemain matin la discussion de ce sujet, elle aurait le temps de se préparer à lui faire l'aveu complet de tous ses sentimens.

Simon Glover fut obligé de se contenter de cette promesse, quoique le retard apporté à cette explication le laissât plongé dans une extrême inquiétude. Ce ne pouvait être ni légèreté ni inconstance qui portât sa fille à agir avec une inconséquence en apparence si manifeste à l'égard de l'homme qu'il lui avait choisi pour époux, et qu'elle avait tout récemment, et d'une manière si peu équivoque, reconnu comme étant aussi l'objet de son propre choix. Quelle force étrangère. pouvait-il donc exister, et assez puissante, pour changer la résolution qu'elle avait décidément exprimée moins de vingt-quatre heures auparavant? C'était là un mystère inexplicable pour lui.

— Mais je serai aussi opiniâtre qu'elle peut l'être, pensa le gantier, et elle épousera Henry Gow sans plus de délai, ou elle donnera au vieux Simon Glover une excellente raison pour s'en dispenser.

Cette conversation ne se renouvela point dans le cours de la soirée; mais le lendemain matin, à l'instant où le soleil se levait, Catherine vint s'agenouiller près du lit sur lequel son père dormait encore. Son cœur battait comme s'il eût voulu briser sa poitrine, et ses larmes tombèrent sur le visage de Simon. Le bon vieillard s'éveilla, leva les yeux sur elle, lui traça sur le front le signe de la croix, et l'embrassa avec affection.

— Je t'entends, Kate, lui dit-il; tu viens à confesse, et je me flatte que c'est avec le dessein d'éviter une forte pénitence par ta sincérité.

Catherine garda le silence un instant.

— Je n'ai pas besoin de vous demander, mon père, si vous vous rappelez le père Clément. Vous avez assisté si souvent à ses sermons et à ses instructions, qu'on disait, comme vous ne pouvez l'ignorer, que vous étiez un de ceux qu'il avait convertis. On en disait autant de moi, et c'était avec plus de justice.

— Je sais tout cela, dit le vieillard en s'appuyant sur le coude; mais je défie la mauvaise renommée de prouver que j'aie jamais approuvé une proposition hérétique, quoique j'aimasse à l'entendre parler de la corruption du clergé, du mauvais gouvernement de la noblesse, et de l'ignorance du bas peuple, parce qu'il me semblait que c'était démontrer que la vertu, la force et les qualités dignes d'estime se trouvaient dans la première classe de la bourgeoisie, ce que je regarde comme une doctrine saine et honorable pour la ville. Mais s'il prêchait une autre doctrine que la bonne, pourquoi les supérieurs de son couvent le souffraient-ils? Si les bergers jettent au milieu de leur troupeau un loup revêtu de la peau d'un mouton, ils ne doivent pas reprocher aux brebis de se laisser dévorer.

— Ils souffrirent ses prédications, dit Catherine; ils les encouragèrent même, tant que les vices des laïques, les querelles des nobles et les actes d'oppression des puissans furent les objets de sa censure; et ils se réjouirent de voir la foule abandonner les églises des autres couvens pour se porter dans la leur; mais les hypocrites, car ce sont des hypocrites, se joignirent aux autres moines pour accuser d'hérésie leur prédicateur Clément lorsque, après avoir déclamé contre les crimes des grands, il commença à reprocher aux hommes d'église eux-mêmes leur orgueil, leur ignorance leur luxure, leur ambition, l'empire qu'ils usurpent sur la conscience de leurs semblables, et leur soif insatiable pour acquérir les richesses de ce monde.

— Pour l'amour de Dieu! Catherine, parlez plus bas; vous élevez la voix de plus en plus; vos discours prennent un ton d'amertume; vos yeux étincellent; c'est grace à ce zèle pour ce qui ne vous regarde pas plus que les autres, que des malveillans vous donnent le nom odieux et dangereux d'hérétique.

— Vous savez que je ne dis que la vérité, mon père; et vous en avez dit autant vous-même plus d'une fois.

— Non, de par l'aiguille et la peau de chamois! s'écria vivement le gantier. Voudrais-tu que j'avouasse ce qui peut me coûter la vie et les membres, ma maison et mon argent? car une commission a été nommée pour arrêter et juger les hérétiques, à qui l'on attribue tous les tumultes et tous les désordres qui ont eu lieu depuis quelque temps; c'est pourquoi, moins on parle, plus on est sage. J'ai toujours approuvé l'avis de l'ancien ménestrel qui disait :

> Pensez tout ce que vous voudrez,
> Mais songez bien à ce que vous direz.

— Cet avis vient trop tard, mon père, dit Catherine en se laissant tomber sur une chaise près du lit de Glover; vous avez parlé, vous avez été entendu, et Simon Glover, bourgeois de Perth, est accusé de s'être exprimé avec irrévérence en parlant des doctrines de la sainte Église, et...

— Aussi vrai que je vis de l'aiguille et du découpoir, c'est un mensonge. Je n'ai jamais parlé de ce qui est au-dessus de la portée de mon entendement.

— Et d'avoir calomnié les membres du clergé, tant séculier que régulier.

— A cet égard, je ne nierai jamais ce qui est vrai. Je puis en avoir parlé un peu légèrement en vidant une pinte de bière ou un flacon de vin; mais toujours en compagnie sûre, car ma langue est trop prudente pour mettre ma tête en danger.

— Vous le croyez ainsi, mon père ; mais vos moindres mots ont été rapportés, vos discours les plus innocens ont été envenimés, et vous êtes accusé d'avoir pris l'Église et les hommes d'église pour l'objet de vos railleries grossières, et de vous être égayé à leurs dépens avec des gens déréglés et dissolus, tels que feu Olivier Proudfute, Henry l'armurier et autres, qu'on représente comme adoptant les doctrines du père Clément, qui est accusé de sept chefs d'hérésie, et qu'on cherche partout pour le condamner à mort. Mais, ajouta-t-elle en levant les yeux vers le ciel, dans l'attitude d'une de ces belles saintes que la religion catholique a donnée aux beaux arts, ils n'y réussiront jamais ! Il a échappé aux filets de l'oiseleur, et, graces en soient rendues au ciel, c'est moi qui lui en ai procuré les moyens.

— Toi ! s'écria le gantier avec surprise. As-tu perdu l'esprit, Catherine ?

— Je ne nierai jamais ce qui fait ma gloire. C'est moi qui ai engagé Conachar à venir ici avec quelques-uns de ses compagnons pour emmener ce vieillard, et il est maintenant en sûreté bien loin dans les montagnes.

— Fille téméraire ! fille mal avisée ! as-tu osé faciliter la fuite d'un homme accusé d'hérésie ; appeler des montagnards dans la ville ; les exciter à intervenir dans l'administration de la justice ? Hélas ! tu as violé les lois du royaume comme celles de l'Église ! Que deviendrions-nous, si cela était connu ?

— Cela est connu, mon père, dit Catherine d'un ton ferme, connu de ceux qui montreront le plus d'empressement à punir cette bonne action.

— Tu te trompes, ma fille, tu te trompes ; c'est

quelque sotte idée que t'ont mise dans la tête ces moines rusés ou ces cajoleuses de nonnes. Cela ne s'accorde pas avec la disposition où tu paraissais être tout récemment d'épouser Henry Smith.

— Hélas! mon père, rappelez-vous la consternation cruelle dans laquelle m'avait jetée le bruit de sa mort; la surprise, la joie dont j'ai été transportée en le voyant vivant, et vous ne serez pas étonné que je me sois permis, sous votre protection, d'aller plus loin que mes réflexions plus calmes ne l'ont approuvé. Mais alors je ne savais pas encore tout, et je croyais que je m'exagérais le danger; hélas! j'ai été cruellement détrompée. Hier! l'abbesse vint ici elle-même, accompagnée du dominicain. Ils me montrèrent la commission revêtue du grand sceau d'Écosse pour informer contre l'hérésie et pour la punir; ils me firent voir votre nom et le mien sur une liste de personnes suspectes, et ce fut avec des larmes, avec des larmes véritables, que l'abbesse me conjura de me soustraire à un destin épouvantable en entrant sans délai dans le cloître; et le moine me donna sa parole que, si j'y consentais, vous ne seriez pas inquiété.

— Les crocodiles! s'écria le gantier; que le diable les emporte tous deux!

— Hélas, mon père, les plaintes et les emportemens ne peuvent guère nous servir! Mais vous voyez que je n'ai eu que trop de raisons pour me livrer aux alarmes.

— Aux alarmes! c'est une ruine complète! Hélas! ma pauvre enfant, où était votre prudence quand vous vous êtes jetée, la tête la première, dans un pareil piège!

— Écoutez-moi, mon père, il nous reste encore un

moyen de sûreté; et souvenez-vous que c'est un parti que j'ai souvent eu dessein de prendre, ce dont je vous ai inutilement demandé la permission.

— J'entends fort bien; le couvent. Mais quelle abbesse ou quelle prieure oserait....

— Je vais vous l'expliquer, mon père; et vous apprendrez en même temps quelles sont les causes qui m'ont fait paraître chancelante dans mes résolutions, au point de m'attirer vos reproches et ceux des autres. Le vieux père Francis, le dominicain que j'ai pris pour confesseur par votre ordre....

— Sans doute, et je l'ai conseillé et ordonné pour faire tomber le bruit qui courait que ta conscience était entièrement sous la direction du père Clément.

— Eh bien, ce père Francis m'engagea différentes fois à converser avec lui de différens objets sur lesquels il regardait comme probable que le père Clément m'aurait donné quelques instructions. Que le ciel me pardonne mon aveuglement! Je tombai dans le piège, je lui parlai librement, et comme il me répondait avec douceur, et en homme qui semblait désirer d'être convaincu par de bons raisonnemens, je m'exprimai avec chaleur pour défendre les points de ma croyance. Le père Francis ne se montra sous ses traits véritables et ne me laissa voir ses secrets desseins que lorsqu'il eut tiré de moi tout ce que j'avais à lui dire. Alors il me menaça d'une punition temporelle, et des peines de l'éternité. Si ses menaces n'eussent été dirigées que contre moi, j'y aurais opposé de la fermeté, car j'aurais su endurer la cruauté des persécuteurs sur la terre, et je ne crois pas à leur pouvoir sur nous au-delà de cette vie.

— Pour l'amour du ciel! dit le gantier qui était presque hors de lui en voyant augmenter le danger que courait sa fille, à chaque mot qu'elle prononçait, prends bien garde de blasphémer contre la sainte Église, dont le bras est aussi prompt à frapper que ses oreilles sont habiles à entendre.

— La terreur des châtimens dont j'étais menacée, continua Catherine en levant encore les yeux vers le ciel, n'aurait eu guère d'influence sur moi. Mais quand ils parlèrent de vous impliquer dans la même accusation, j'avoue que je tremblai, et que je désirai accepter le compromis qu'on m'offrait. La mère Marthe, abbesse du couvent d'Elcho, étant parente de ma mère, je lui contai ma détresse, et elle me promit de me recevoir dans son monastère, si, renonçant à tout amour mondain, à toute pensée de mariage, je voulais y prendre le voile. Je ne doute pas qu'elle n'eût eu une conversation à ce sujet avec le père Francis, car tous deux me chantèrent la même chanson : — Reste dans le monde, et ton père et toi vous serez mis en jugement comme hérétiques. Prends le voile, et les erreurs de l'un et de l'autre seront pardonnées et oubliées. Ils ne me parlèrent même pas d'abjurer des erreurs de doctrine; une paix complète doit être la suite de mon entrée dans le couvent.

— Je n'en doute pas, je le crois sans peine. Le vieux Glover passe pour riche, et sa fortune suivrait sa fille au couvent d'Elcho, sauf ce que les dominicains pourraient en réclamer pour leur part. Et voilà quelle est ta vocation au cloître! voilà quelles sont tes objections contre Henry Smith!

— Véritablement, mon père, tout s'est réuni pour m'engager à prendre ce parti, et je n'y avais moi-même aucune répugnance. Sir John Ramorny m'a menacée d'une vengeance terrible de la part du jeune prince, si je résistais plus long-temps à ses sollicitations criminelles. Et quant au pauvre Henry, ce n'est que tout récemment que j'ai découvert que l'amour que m'inspirent ses bonnes qualités est plus fort que l'éloignement que font naître en moi ses défauts. Hélas! je n'ai fait cette découverte que pour quitter le monde avec plus de regret que je n'aurais cru pouvoir en éprouver.

Elle appuya sa tête sur sa main, et pleura amèrement.

— Tout cela n'est que de la folie, dit Glover. Jamais un homme sage ne s'est trouvé dans une extrémité assez désespérée pour ne pouvoir trouver un bon parti à prendre, si la hardiesse ne lui manque pas. Nous ne sommes pas ici dans un pays et parmi un peuple que les prêtres puissent gouverner au nom de Rome sans qu'on mette des bornes à leurs usurpations. S'ils doivent faire pendre tout honnête bourgeois qui dit que les moines aiment l'or, et qu'il s'en trouve parmi eux quelques-uns dont la vie fait honte à la doctrine qu'ils prêchent, sur ma foi, Smotherwell ne manquera pas de besogne. Et s'il faut séquestrer du monde toutes les jeunes folles qui se laissent égarer par les sermons d'un prédicateur qui a la vogue, il faut agrandir les couvens, et y recevoir les novices à meilleur marché. Nos bons monarques autrefois ont souvent défendu nos privilèges contre le pape même, et quand il prétendit intervenir dans le gouvernement temporel du royaume, il se trouva un parlement écossais qui lui rappela ses devoirs dans une lettre qui aurait dû être écrite en caractères d'or. J'ai vu moi-même cette épître, et quoique je ne pusse pas la lire, la vue des sceaux des révérends prélats et des nobles et fidèles barons, qui y étaient attachés, a fait tressaillir mon cœur de joie. Tu n'aurais pas dû me cacher ce secret si long-temps, ma fille; mais ce n'est pas le moment de te reprocher ta faute. Va me préparer à déjeuner : je monterai à cheval sur-le-champ, j'irai trouver notre lord prévôt, je lui demanderai son avis et sa protection, que j'obtiendrai, j'espère, ainsi que celle des autres braves nobles écossais, qui ne souffriront pas qu'on opprime un bon bourgeois pour quelques mots prononcés à la légère.

— Hélas, mon père, c'était cette impétuosité même que je redoutais. Je savais que si je vous adressais mes plaintes, vous prendriez feu sur-le-champ, et vous seriez prêt à susciter quelque querelle, comme si la religion que nous devons au Père de la paix ne nous avait été donnée que pour devenir une Mère de discorde. Plutôt que d'en venir là je pourrais, même encore à présent, renoncer au monde, et me retirer avec mon chagrin dans le couvent d'Elcho, si vous vouliez consentir à ce sacrifice. Seulement, mon père, consolez le pauvre Henry quand nous serons séparés pour toujours. Qu'il ne pense pas à moi avec trop de mécontentement. Dites-lui que Catherine ne l'importunera plus par ses remontrances, mais qu'elle ne l'oubliera jamais dans ses prières.

— Cette fille a une langue qui ferait pleurer un Sarrasin, dit Simon, dont les yeux étaient aussi humides que ceux de sa fille. Mais je ne céderai pas à ce complot tramé entre une nonne et un moine pour me dérober ma seule enfant. Descends, te dis-je, laisse-moi m'habiller, et prépare-toi à m'obéir en tout ce que j'aurai à t'ordonner pour ta sûreté. Fais un paquet de quelques vêtemens et de ce que tu as de plus précieux. Tiens, voici les clefs de la caisse de fer dont le pauvre Henry Smith m'a fait présent; fais deux portions égales de l'or que tu y trouveras, mets-en l'une dans une bourse que tu garderas, et place l'autre dans la ceinture rembourrée que je me suis faite pour la porter dans mes voyages. Par ce moyen, nous ne serons au depourvu ni l'un ni l'autre, si le destin venait à nous séparer; et en ce cas, fasse le ciel que l'ouragan souffle sur la feuille desséchée, et épargne celle qui est encore verte! Fais seller mon cheval sur-le-champ ainsi que le genet blanc que je t'ai acheté il n'y a que vingt-quatre heures, espérant te le voir monter bientôt pour te rendre à l'église de Saint-Jean, au milieu des filles et des femmes de la ville, mariée aussi joyeuse qu'on en ait jamais vu passer sur le seuil de la porte de ce saint édifice. Mais à quoi bon tant parler? dépêche-toi, et n'oublie pas que les saints aident ceux qui sont disposés à s'aider eux-mêmes. Pas un mot de réponse! obéis-moi; ce n'est pas le moment d'avoir des volontés. Pendant le calme, le pilote souffre qu'un mousse s'amuse avec le gouvernail; mais, sur mon ame! quand le vent siffle et que les vagues s'élèvent, il tient la barre lui-même. Retire-toi donc, et point de réplique.

Catherine sortit de la chambre pour exécuter aussi bien qu'elle le put les ordres de son père; car quoique naturellement doux, et aimant passionnément sa fille; quoiqu'il souffrit souvent, à ce qu'il parait, qu'elle fût maîtresse de ses volontés, et qu'elle influât même sur les siennes, cependant elle savait qu'il avait coutume d'exiger l'obéissance filiale, et de faire valoir les droits de l'autorité paternelle assez strictement, lorsque l'occasion lui semblait demander de maintenir la rigueur de la discipline domestique.

Tandis que la belle Catherine s'occupait à exécuter les ordres de son père, et que le bon Glover s'habillait à la hâte, en homme pressé de se mettre en voyage, on entendit dans la rue étroite le bruit de la marche d'un cheval. Le cavalier était enveloppé d'un grand manteau, dont un des pans, croisé sur l'autre, était relevé de manière à lui couvrir le bas du visage, tandis que sa toque enfoncée sur ses sourcils et un large panache retombant sur ses yeux en cachaient la partie supérieure. Il sauta à bas de cheval, et Dorothée avait à peine eu le temps de lui répondre que son maître était dans sa chambre à coucher, que l'étranger, montant rapidement l'escalier, entra dans l'appartement de Glover. Simon, surpris et alarmé d'une visite faite de si grand matin, était disposé à voir dans cet inconnu un huissier ou un appariteur arrivant pour l'arrêter lui et sa fille. Il se trouva donc fort soulagé quand l'étranger, ôtant sa toque et baissant le manteau qui lui cachait le bas du visage, lui montra les traits du digne chevalier, prévôt de la Belle Ville, visite qui, dans tous les temps, était une faveur peu ordinaire, mais qui, à une telle heure, et dans les circonstances du moment, avait quelque chose de merveilleux ou plutôt d'alarmant.

— Sir Patrice Charteris, s'écria le gantier ; cet honneur accordé à votre humble serviteur....

— Paix, dit le chevalier ; ce n'est pas l'instant de songer à des civilités puériles. Je suis venu, parce que, dans des occasions difficiles, on ne peut trouver un page plus sûr que soi-même, et je ne puis rester que le temps nécessaire pour vous avertir, bon Simon Glover, qu'il faut que vous preniez la fuite sur-le-champ; car le conseil doit délivrer aujourd'hui des mandats d'arrêt contre vous et votre fille, comme accusés d'hérésie, et le moindre délai vous coûterait certainement la liberté et peut-être la vie.

— J'en ai entendu dire quelque chose, répondit le gantier, et j'allais partir pour Kinfauns, pour vous assurer que cette accusation scandaleuse tombe sur un innocent, demander les avis de Votre Seigneurie et implorer sa protection.

— Votre innocence ne vous sera pas de grande utilité devant des juges prévenus, ami Simon; mon avis est donc que vous preniez la fuite, et que vous attendiez des temps plus heureux. Quant à ma protection, il faut attendre que le vent change avant qu'elle puisse vous être utile. Le clergé, en se liguant avec le duc d'Albany dans une intrigue de cour, et en représentant la décadence de la pureté de la foi catholique comme la seule cause de toutes nos infortunes nationales, a obtenu sur le roi un ascendant qui est irrésistible, du moins dans le moment actuel; mais si vous pouvez rester caché quelques jours, peut-être quelques semaines, je ne doute guère que, pendant cet intervalle, ce parti ne reçoive un échec. En attendant cependant, sachez que le roi Robert non-seulement a donné l'ordre général de faire une enquête contre l'hérésie, mais qu'il a aussi confirmé la nomination faite par le pape de Robert de Wardlaw comme archevêque de Saint-André et primat d'Écosse, cédant ainsi à Rome ces libertés et ces privilèges de l'église écossaise que ses ancêtres, depuis le temps de Malcolm Canmore, avaient si courageusement défendues, eux qui auraient souscrit un concordat avec le diable, plutôt que de céder aux prétentions de Rome dans une pareille affaire.

—Hélas! et quel remède à ce mal?

—Aucun, si ce n'est quelque changement soudain à la cour. Le roi n'est guère qu'un miroir qui, n'ayant pas de lumière par lui-même, réfléchit indifféremment celle que le moment présente devant sa surface. Or, quoique Douglas soit uni à Albany, cependant le comte ne voit pas de bon œil les prétentions excessives de ces moines impérieux, et il a eu une querelle avec eux relativement aux exactions commises par sa suite dans l'abbaye d'Arbroath. Il reviendra bientôt plus puissant que jamais, car le bruit court que le comte de March a pris la fuite devant lui. Quand il sera de retour, la face des choses changera, et sa présence contiendra Albany d'autant plus qu'un grand nombre de nobles et moi, je vous le dis en confidence, nous avons résolu de nous liguer avec le comte pour défendre les droits du royaume. Votre exil finira donc avec son retour à la cour, et vous n'avez besoin que de chercher un asile temporaire.

—Quant à cela, milord prévôt, je ne suis point embarrassé, car j'ai de justes droits à la protection d'un puissant montagnard, de Gilchrist Mac Ian, chef du clan de Quhele.

—Si vous pouvez tenir le bout de son manteau, vous n'avez plus besoin de l'aide de personne. Ni laïque ni membre du clergé ne se hasarderait à aller mettre à exécution un mandat d'arrêt dans l'intérieur des montagnes.

—Mais ma fille, milord prévôt! ma Catherine!

3.

— Emmenez-la avec vous. Le pain de graddan (1) entretiendra la blancheur de ses dents; le lait de chèvre fera reparaître sur ses joues les couleurs que toutes ces alarmes commençaient à en bannir, et la Jolie Fille de Perth elle-même peut trouver un coucher assez doux sur un lit de fougère des montagnes.

— Ce ne sont point de semblables bagatelles qui me font hésiter, sir Patrice. Catherine est fille d'un simple bourgeois, et elle ne connaît la recherche ni dans sa nourriture ni dans son coucher. Mais le fils de Mac Ian a passé plusieurs années dans ma maison, et je suis obligé de dire qu'il regardait ma fille (qui est en quelque sorte fiancée) d'une manière qui, quoiqu'elle m'inquiétât peu dans Curfew-Street, ne me laisserait pas sans crainte dans une vallée des montagnes, où je n'ai pas d'ami, et où Conachar en a un grand nombre.

Le prevôt répondit par un sifflement prolongé.

— Whew! whew! (2) En ce cas, je vous conseille de l'envoyer au couvent d'Elcho. Vous avez quelque relation de parenté avec l'abbesse, si je ne me trompe; oui, elle me l'a dit elle-même, en ajoutant qu'elle aimait beaucoup sa jeune parente et tout ce qui vous appartient, Simon.

— Sur ma foi, milord, je crois véritablement que l'abbesse a tant d'égards pour moi qu'elle recevrait bien volontiers dans son couvent ma fille et tous les biens qui m'appartiennent : mais son affection a quelque chose de tenace, et elle aurait de la peine à se décider à en laisser sortir ni ma fille ni mon argent.

(1) Farine de grain grillé. — Tr.
(2) Véritable onomatopée anglaise pour imiter le son qu'on produit en sifflant. — Éd.

—Whew! whew! siffla encore le prévôt. Par la Croix de Thane! Simon, voilà un écheveau difficile à dévider. Mais il ne sera jamais dit que la plus jolie fille de la Belle-Ville ait été enfermée dans un couvent comme une poule dans une mue, et quand elle est à la veille d'épouser le brave bourgeois Henri Smith. Non, il n'en sera rien tant que je porterai le baudrier et les éperons, et qu'on m'appellera prévôt de Perth.

—Mais quel remède, milord?

—Il faut que nous prenions tous notre part du risque. Montez à cheval, vous et votre fille, et venez avec moi. Nous verrons qui sera assez hardi pour vous regarder de travers. Le mandat ne vous a pas encore été signifié, et si l'on envoie un appariteur à Kinfauns sans un ordre signé de la propre main du roi, par l'ame du Corsaire Rouge! je lui ferai avaler le parchemin et le sceau. A cheval! à cheval!—Et vous aussi, ma jolie fille, dit-il à Catherine qui entrait en ce moment, à cheval, et partons sur-le-champ.

En une minute ou deux, le père et la fille furent à cheval. Ils partirent, et par le conseil du prévôt, ils se tinrent toujours à une portée de flèche en avant de lui, pour ne pas avoir l'air d'être en sa compagnie. Ils franchirent avec quelque hâte la porte de l'Orient, et ils continuèrent à marcher du même train jusqu'à ce qu'ils fussent hors de vue. Sir Patrice les suivait plus lentement; mais quand les gardes de la ville ne purent plus l'apercevoir, il donna un coup d'éperon à son coursier, et il eut bientôt rejoint Glover et sa fille. La conversation qui s'ensuivit alors jettera du jour sur quelques passages précédens de cette histoire.

CHAPITRE XXVI.

— J'ai imaginé un moyen, dit le prevôt bien intentionné, par lequel je puis vous mettre à l'abri de la méchanceté de vos ennemis pendant une semaine ou deux, car je ne doute guère que d'ici à cette époque il ne survienne de grands changemens à la cour. Mais pour que je puisse mieux juger de ce qu'il convient de faire, dites-moi franchement, Simon, quelle est la nature de vos liaisons avec Gilchrist Mac Ian, et quel motif vous avez pour lui accorder une si entière confiance. Vous observez exactement les ordonnances de la ville, et vous savez qu'elles prononcent des peines très-sévères contre les bourgeois qui auraient des relations et des correspondances avec les clans des montagnes.

— C'est la vérité, milord; mais vous savez aussi que notre profession ne pouvant rien faire sans peaux de daims, de chevreuils, et cuirs de tout espèce, il existe une exception en faveur de ceux qui l'exercent, et qu'il leur a été permis de trafiquer avec ces montagnards, parce que ce sont eux qui peuvent nous fournir le plus aisément les matières premières du commerce que nous faisons, au grand avantage de la ville. C'est ainsi que j'ai conclu avec eux de grandes affaires ; et je puis dire, sur mon salut, qu'on ne trouverait nulle part des gens exerçant le commerce d'une manière plus juste et plus honorable, ou avec qui il soit plus facile de faire un marché avantageux. J'ai entrepris de mon temps plusieurs voyages bien loin dans leurs montagnes, comptant sur la bonne foi de leurs Chefs, et je n'ai jamais vu personne qui tînt mieux sa parole, si vous pouvez obtenir qu'ils vous la donnent. Quant au chef du clan de Quhele, Gilchrist Mac Ian, si ce n'est qu'il est un peu trop prompt à employer le fer et le feu contre ceux avec qui il est en querelle, je ne connais pas un homme qui ait plus de justice et de droiture.

—C'est plus que je n'en ai jamais entendu dire, Simon ; et cependant je connais un peu aussi ces bandits montagnards.

—Ils agissent d'une manière différente, et fort différente à l'égard de leurs ennemis, milord, comme Votre Seigneurie doit le comprendre. Quoi qu'il en soit, il m'est arrivé de rendre service à Gilchrist Mac Ian, dans une affaire importante. Il y a environ dix-huit ans, le clan de Quhele et celui de Chattan étant en guerre, — et il est rare qu'ils soient en paix, — le premier subit une telle défaite que la famille de son Chef Mac Ian fut presque détruite. Sept de ses fils furent tués, soit les armes à la main, soit après le combat ; il fut lui-même obligé de prendre la fuite, et son château fut pris et livré aux flammes. Sa femme, alors sur le point d'accoucher, s'enfuit dans les bois avec sa fille et un fidèle serviteur. Là, au milieu d'assez de chagrins et d'inquiétudes, elle donna le jour à un fils, mais comme sa malheureuse situation la mettait hors d'état de l'allaiter, il fut nourri du lait d'une biche que le serviteur qui l'avait accompagnée réussit à prendre vivante dans un piège. Quelques mois après, dans un autre combat entre ces deux clans belliqueux, Mac Ian défit ses ennemis à son tour, et il se remit en possession du canton qu'il avait perdu. Ce fut avec un transport de joie qu'il apprit que sa femme et son fils vivaient encore, ne s'étant jamais attendu à en revoir que les ossemens abandonnés par les loups et les chats sauvages.

Mais un préjugé général et fortement enraciné, tel qu'en conçoivent souvent ces hommes à demi barbares, empêcha leur Chef de jouir pleinement du bonheur qu'il avait de voir en sûreté le seul fils qui lui restât. Une ancienne prophétie annonçait que leur clan verrait tomber son pouvoir par le moyen d'un enfant qui naîtrait sous un buisson de houx, et qui boirait le lait d'une biche blanche. Or, malheureusement pour Gilchrist, cette double circonstance avait marqué la naissance de son fils, et les anciens du clan demandèrent que l'enfant fût mis à mort, ou que du moins il fût éloigné du pays, et élevé dans l'obscurité. Gilchrist Mac Ian fut obligé de consentir à cette demande, et, ayant choisi la dernière alternative, il me confia ensuite l'enfant, sous le nom de Conachar, pour l'élever dans ma famille, dans le dessein, du moins alors, de lui laisser ignorer qui il était et les droits qu'il avait à l'autorité sur un peuple nombreux et guerrier. Mais, les années s'écoulant, les anciens du clan qui avaient forcé en quelque sorte Gilchrist à adopter cette mesure moururent ou devinrent incapables, attendu leur vieillesse, d'intervenir dans les affaires publiques. D'une autre part, l'influence de Mac Ian sur sa tribu augmenta par suite des victoires qu'il remporta sur le clan de Chattan, et qui rétablirent entre les deux confédérations ennemies l'égalité qui avait existé entre elles avant la défaite sanglante dont j'ai parlé à Votre Honneur. Voyant donc son autorité raffermie, il commença naturellement à désirer de rappeler son fils unique près de lui, et de lui rendre sa place dans sa famille. Dans ce dessein il fit venir plusieurs fois dans ses montagnes son fils Conachar, comme on l'appelait. C'était un jeune homme dont la taille et la bonne mine étaient faits pour gagner le cœur d'un père; et je suppose qu'enfin il devina le secret de sa naissance, ou qu'on lui en apprit quelque chose; car le dégoût que ce fier montagnard avait toujours montré pour mon honnête métier devint plus manifeste que jamais, de sorte que je n'osais secouer son pourpoint avec mon bâton, de crainte de recevoir de lui un coup de poignard, comme une réponse en sa langue à une observation faite en écossais. Ce fut alors que je désirai être débarrassé de lui, d'autant plus qu'il avait trop d'attention pour Catherine, qui s'était mise à laver la tête d'un nègre en donnant à un montagnard sauvage des leçons de morale et de merci. Elle sait elle-même le profit qu'il a en tiré.

—Mais, mon père, dit Catherine, c'était sûrement un acte de charité que de vouloir retirer un tison du feu.

—Ce n'en était pas un de grande sagesse que de risquer de vous y brûler les doigts pour cela. — Qu'en dit Votre Seigneurie?

—Ma Seigneurie ne voudrait pas offenser la Jolie

Fille de Perth, répondit sir Patrice. Je connais parfaitement la candeur et la pureté de son ame; et cependant il faut que je dise que, si ce nourrisson d'une biche avait eu la peau basanée, les yeux hagards, les cheveux roux et la tournure gauche de quelques montagnards que j'ai connus, je doute que la Jolie Fille de Perth eût montré autant de zèle pour sa conversion : et si Catherine eût été aussi vieille, aussi ridée et aussi voûtée que la femme qui m'a ouvert votre porte ce matin, je gagerais mes éperons d'or contre une paire de brodequins de montagnard que ce daim sauvage n'aurait pas écouté deux fois ses intructions. — Vous riez, Glover, et Catherine rougit de ressentiment; — n'importe, c'est la marche ordinaire des choses de ce monde.

— C'est du moins la manière dont les hommes du monde jugent leurs semblables, milord, dit Catherine avec quelque chaleur.

— Allons, belle sainte, pardonnez une plaisanterie, dit sir Patrice; et vous, Simon, dites-nous comment finit cette histoire. — Conachar vous quitta, et s'enfuit dans ses montagnes, je suppose?

— Il retourna dans son pays, répondit le gantier. Depuis deux ou trois ans je voyais rôder dans les environs de Perth un drôle, une espèce de messager, qui allait et venait sans cesse, sous différens prétextes, mais qui dans le fait était l'agent de relations entretenues par Gilchrist Mac Ian avec son fils, le jeune Conachar, ou Hector, comme on l'appelle aujourd'hui. J'appris de ce vagabond, en termes généraux, que la sentence de bannissement du Dault an Neigh Dheil, c'est-à-dire du fils de lait de la biche blanche, avait été remise en délibération. Son père de lait, Torquil du Chêne, ancien forestier, parut devant l'assemblée avec ses huit fils, les plus beaux hommes de tout le clan, et demanda que cette sentence fût révoquée. Il obtint d'autant plus de crédit qu'il était lui-même Taishatar, c'est-à-dire qu'il avait la seconde vue (1), et qu'on le supposait en communication avec le monde invisible. Il affirma qu'il avait fait une cérémonie magique, nommée Tin-Egan, par le moyen de laquelle il avait évoqué un esprit dont il avait tiré l'aveu que Conachar, maintenant appelé Eachin (c'est-à-dire Hector) Mac Ian, était le seul homme qui sortirait sans blessure et sans tache du combat qui allait avoir lieu entre les deux clans ennemis. Torquil du Chêne en conclut que la présence de l'individu indiqué par le destin était indispensable pour assurer la victoire. — J'en suis si bien convaincu, ajouta-t-il, qu'à moins qu'Eachin ne combatte à sa place dans les rangs du clan de Quhele, ni moi, son père de lait, ni aucun de mes huit enfans, nous ne lèverons un bras dans cette querelle.

On n'entendit pas ce discours sans alarme, car la défection de neuf hommes, les plus vigoureux du clan, serait un coup sérieux, surtout si le combat, comme on commence à en parler, se décidait par un petit nombre de chaque côté. Les anciennes idées superstitieuses relativement au fils nourricier de la biche blanche furent contrebalancées par de nouveaux préjugés. Le père saisit cette occasion pour présenter à son clan ce fils long-temps caché, dont la jeunesse, la beauté, les traits animés, l'air fier et les membres agiles attirè-

(1) Voyez sur la *seconde vue* prophétique des Highlands une note de Waverley, tom. 1er, pag. 187 de cette édition. — Éd.

rent l'admiration générale. Il fut accueilli avec joie comme fils du Chef, et comme devant lui succéder malgré les présages fâcheux qui avaient accompagné et suivi sa naissance.

— D'après ce récit, milord, Votre Seigneurie doit aisément concevoir pourquoi je dois être sûr d'être bien accueilli dans le clan de Quhele, et vous pouvez aussi y trouver des raisons de juger qu'il serait fort imprudent à moi d'y conduire Catherine; et c'est là, noble lord, la plus pesante de mes inquiétudes.

— Nous tâcherons de l'alléger, bon Glover, répondit sir Patrice Charteris, et je prendrai sur moi quelque risque pour vous et pour votre fille. Mon alliance avec Douglas me donne quelque crédit auprès de sa fille Marjory, duchesse de Rothsay, épouse délaissée de notre prince inconsidéré. Soyez bien certain, bon Glover, que votre fille sera en sûreté auprès d'elle comme si elle était dans un château-fort. La duchesse tient maintenant sa maison à Falkland, château appartenant au duc d'Albany, qui le lui a prêté pour y faire sa résidence. Je ne puis vous y promettre beaucoup de plaisir, Catherine, car la duchesse de Rothsay est malheureuse, ce qui la rend atrabilaire, hautaine et impérieuse. Elle n'a pas les attraits qui procurent le don de plaire, et par conséquent elle est jalouse des femmes qui les ont en partage. Mais sa parole est inviolable, son ame est pleine de noblesse, et si quelque prélat, si le pape lui-même, se présentait chez elle pour arrêter une personne qu'elle aurait prise sous sa protection, elle le ferait jeter sans cérémonie dans les fossés de son château. Vous y serez donc en parfaite sûreté, quoique sans beaucoup d'agrément.

— Je n'ai pas le droit d'en demander davantage, dit Catherine, et je suis pénétrée de reconnaissance pour la bonté qui me procure une protection si honorable. Si elle est hautaine, je me souviendrai qu'elle est née Douglas, et qu'elle a le droit d'avoir autant de fierté qu'il peut convenir à la nature humaine d'en concevoir; si elle a de l'humeur, je me souviendrai qu'elle est infortunée; si elle me fait des reproches sans raison, je n'oublierai pas qu'elle est ma protectrice. — Ne craignez rien pour moi, milord, quand vous m'aurez placée sous la protection de cette noble dame. — Mais mon pauvre père ! le savoir exposé au milieu de ces hommes sauvages et dangereux !

— Ne pense pas à cela, Catherine, dit le gantier; je suis aussi familier avec les brodequins et les jupons de ces montagnards que si je les avais portés moi-même. Ma seule crainte c'est que le combat, qui doit être décisif, n'ait lieu avant mon départ d'ici; et si le clan de Quhele avait le dessous, la ruine de mes protecteurs pourrait m'être funeste.

— C'est à quoi nous prendrons garde, repartit sir Patrice; comptez que je veillerai à votre sûreté. — Mais auquel des deux partis croyez-vous que restera la victoire ?

— Franchement, milord prévôt, je crois que le clan de Chattan sera battu. Ces neuf enfans de la forêt ne font guère que le tiers de la troupe d'élite qui entoure le chef du clan de Quhele, et ce sont de redoutables champions.

— Et votre apprenti, croyez-vous qu'il se comportera bien ?

— Il est chaud comme le feu, sir Patrice, mais il n'a

pas plus de solidité que l'eau. Cependant, si la vie lui est laissée, ce sera un jour un homme brave.

— Mais quant à présent, son cœur nage encore dans le lait de la biche blanche; n'est-il pas vrai, Simon?

— Il lui manque de l'expérience, milord, et je n'ai pas besoin de dire à un honorable guerrier tel que vous, qu'il faut qu'on se soit familiarisé avec le danger, avant de pouvoir l'accueillir comme une maîtresse.

Cette conversation les conduisit jusqu'au château de Kinfauns, où, après qu'ils eurent pris quelques rafraîchissemens, il était nécessaire que le père et la fille se séparassent pour chercher, chacun de leur côté, leur lieu de refuge. Ce fut alors que Catherine, voyant que les inquiétudes de son père pour elle avaient effacé de son esprit tout souvenir de son ami, laissa échapper, comme dans un songe, le nom de Henry Gow.

— C'est vrai, c'est vrai, s'écria son père, il faut l'informer de nos projets.

— Laissez-moi ce soin, dit sir Patrice. Je ne me fierai pas à un messager; je ne lui enverrai pas une lettre, parce que, quand je pourrais l'écrire, il ne serait pas en état de la lire. Il aura quelque inquiétude en attendant, mais demain matin de bonne heure j'irai moi-même à Perth, et je lui apprendrai quels sont vos desseins.

Vint enfin le moment de la séparation; il était cruel, mais il fut adouci, plus qu'on n'aurait pu l'espérer, par le caractère mâle du vieux gantier et par la pieuse résignation de Catherine à la volonté de la Providence. Le bon chevalier pressa le départ du bourgeois, mais de la manière la plus affectueuse; il alla même jusqu'à lui offrir de lui prêter quelques pièces d'or, ce qui, dans un temps où les espèces étaient si rares, pouvait être regardé comme le *nec plus ultrà* de l'affection. Glover le remercia en l'assurant qu'il en était amplement pourvu, et se mit en route en se dirigeant vers le nord-ouest. La protection hospitalière de sir Patrice Charteris ne se manifesta pas moins à l'égard de la Jolie Fille de Perth. Elle fut confiée aux soins d'une duègne qui avait la surintendance de la maison du chevalier, et elle fut obligée de passer plusieurs jours à Kinfauns, attendu les obstacles et les délais d'un batelier du Tay, nommé Kitt Henshaw, qui devait être chargé de la conduire, et en qui le prévôt avait une grande confiance.

Ainsi se séparèrent le père et la fille, dans un moment difficile et très-dangereux, et dont le péril était encore augmenté par des circonstances qu'ils ne connaissaient pas alors, et qui semblaient diminuer considérablement les chances de sûreté qui leur restaient.

CHAPITRE XXVII.

» Austin le fit. — Le fit-il ? sur ma foi,
» Austin peut donc le faire aussi pour moi. »

POPE.

Nous ne pouvons mieux suivre le cours de notre histoire qu'en accompagnant Simon Glover. Notre dessein n'est pas d'indiquer exactement les limites qui séparaient les deux clans ennemis, d'autant plus qu'elles n'ont pas été très-clairement désignées par les historiens qui nous ont transmis les détails de cette mémorable guerre intestine. Il nous suffira de dire que le territoire du clan de Chattan s'étendait fort loin, et comprenait le Caithness et le Sutherland, et qu'il avait pour principal Chef le puissant comte qui portait le nom de ce dernier comté, et qu'on appelait pour cette raison Mohr ar Chat. Dans ce sens général, les Keith, les Sinclair, les Gun et d'autres familles possédant un grand pouvoir, étaient de la confédération. Mais elles n'étaient point parties dans la querelle dont il s'agit, qui regardait plus spécialement le clan de Chattan, établi dans les montagnes nord-est de Perth et d'Inverness. On sait que deux clans nombreux, qui faisaient incontestablement partie du clan de Chattan, les Mac-Pherson et les Mac-Intosh, se disputent encore sur la question de savoir lequel de leurs Chefs respectifs était à la tête de la branche de Badenoch de cette grande confédération, et tous deux, dans des temps plus modernes, ont pris le titre de chef du clan de Chattan.

Non nostrum est tantas componere lites (1).

Mais, dans tous les cas, Badenoch doit avoir été le centre de la confédération, en ce qui concernait les diverses tribus intéressées dans la querelle dont nous parlons.

Des raisons dont il sera rendu compte par la suite font que nous n'avons que des détails encore moins précis sur la ligue des tribus rivales composant le clan de Quhele, ou le clan de Kay, comme l'appellent des autorités postérieures. Buchanan, et d'autres auteurs plus récens, ont identifié le clan de Quhele avec la tribu nombreuse et puissante de Mac-Kay. S'ils ont eu de bonnes autorités pour penser ainsi, ce qui est douteux, il faut que cette dernière tribu se soit bien éloignée de son ancien domicile, depuis le règne de Robert III, puisqu'on ne la trouve aujourd'hui, comme clan, qu'à

(1) Ce n'est pas à nous de juger un si grand procès. — Tr.

l'extrémité du nord de l'Écosse, dans les comtés de Ross et de Sutherland. Nous ne pouvons donc être aussi précis que nous le désirerions dans la géographie de notre histoire. Nous nous bornerons à dire que, se dirigeant vers le nord-ouest, le gantier marcha une journée entière pour gagner la contrée de Breadalbane, d'où il comptait se rendre au château où Gilchrist Mac Ian, père de son apprenti Conachar, faisait ordinairement sa résidence, avec une pompe barbare, une suite et un cérémonial répondant à ses hautes prétentions.

Nous ne nous arrêterons pas à décrire les fatigues et les dangers d'un tel voyage, où Simon avait à parcourir des terrains incultes et des montagnes, tantôt gravissant des ravins escarpés, tantôt traversant des marécages remplis de fondrières, ou coupés de larges ruisseaux et même de rivières. Mais Simon Glover avait déjà bravé tous ces périls, par amour pour un gain honnête, et il n'était pas vraisemblable qu'il s'en trouvât effrayé, ou qu'il cherchât à les éviter dans un moment où il s'agissait de sa liberté et peut-être de sa vie.

La rencontre des habitans belliqueux et barbares de ce pays sauvage aurait paru à tout autre au moins aussi formidable que les périls du voyage; mais la connaissance que Simon avait acquise des mœurs et de la langue de ce peuple le rassurait aussi sur ce point. Un appel à l'hospitalité du Celte le plus sauvage n'était jamais sans succès, et le montagnard, qui, en d'autres circonstances, aurait ôté la vie à un homme pour s'emparer du bouton d'argent qui attachait son manteau, se serait privé de son repas pour soulager les besoins du voyageur qui demandait l'hospitalité à la porte de sa chaumière. L'art de voyager en sûreté était de paraître aussi confiant qu'il était possible; aussi notre gantier n'avait-il pris aucune arme; il voyageait sans aucune apparence de précaution; et il avait soin de ne rien laisser apercevoir qui pût tenter la cupidité. Une autre règle qu'il jugea prudent d'observer fut d'éviter toute communication avec les passans que le hasard lui faisait rencontrer; si ce n'était pour répondre avec politesse à leur salut, cérémonie dont les montagnards se dispensent rarement. Il eut même peu d'occasions de donner cette légère marque de civilité. Le pays, ordinairement solitaire, semblait en ce moment entièrement dépeuplé, et même dans les petites vallées qu'il eut à traverser, les hameaux étaient abandonnés, et les habitans s'étaient réfugiés dans les bois et les cavernes. Cette conduite était facile à expliquer dans un moment où l'on était à la veille de voir éclater une guerre intestine qui serait, comme chacun s'y attendait, le signal du pillage général, et d'une dévastation telle qu'on n'en avait pas encore vu dans ce malheureux pays.

Simon commença à être alarmé de cet état de désolation. Il avait fait une halte depuis son départ de Kinfauns, pour donner quelque repos à son cheval; mais la question de savoir où il passerait la nuit commença à l'inquiéter. Il avait compté la passer dans la chaumière d'une ancienne connaissance, qu'on nommait Niel Booshalloch, c'est-à-dire le bouvier, parce qu'il était chargé de la garde des troupeaux nombreux appartenant au capitaine du clan de Quhele. C'était pour cela qu'il avait son habitation sur les bords du Tay, à peu de distance de l'endroit où ce fleuve sort du lac qui porte le même nom. C'était de son ancien ami, qui avait déjà été son hôte, et de qui il avait plusieurs fois acheté des peaux et des fourrures, que le vieux Glover espérait apprendre quel était l'état actuel du pays, si l'on devait s'attendre à la paix ou à la guerre, et quelles étaient les meilleures mesures pour pourvoir à sa sûreté personnelle. On doit se rappeler que la nouvelle de la signature des conditions du combat, qui devait décider la querelle par un moindre nombre de combattans, n'avait été communiquée au roi Robert que la veille du jour où Glover était parti de Perth, et elle ne se répandit dans le public que quelque temps après.

— Si Niel Booshalloch a quitté sa demeure comme les autres, pensa Glover, je me trouverai dans de beaux draps, puisque j'ai besoin, non-seulement de ses bons avis, mais de son crédit près de Gilchrist Mac-Ian, et qu'il me faut en outre un lit et un souper.

Tout en faisant ces réflexions, il arrivait sur le sommet d'une montagne couverte de verdure, d'où s'offrit à lui la perspective magnifique du lac de Tay, semblable à un immense plateau d'argent poli, entouré de montagnes noires, ornées de bruyères et de chênes, alors dépouillés de leurs feuilles, formant en quelque sorte le cadre arabesque d'un magnifique miroir.

Peu sensible en tout temps aux beautés de la nature, Simon Glover l'était encore moins en ce moment, et la seule partie de ce superbe paysage qui attira ses regards fut l'angle d'une prairie, d'où le Tay, sortant avec dignité du lac dans lequel il prend naissance, serpente dans une belle vallée d'environ un mille de largeur, et dirige ensuite sa course vers le sud-est, comme un conquérant et un législateur, pour subjuguer et enrichir des contrées lointaines. En ce lieu si magnifiquement situé entre un lac, un fleuve et une montagne, s'élevait le château féodal de Ballough, qui a été remplacé de notre temps par le palais splendide du comte de Breadalbane.

Mais les Campbell, quoiqu'ils eussent déjà atteint un grand pouvoir dans le comté d'Argyle, ne s'étaient pas encore étendus vers l'est jusqu'au lac de Tay, dont les bords, de droit ou de fait, étaient occupés par le clan de Quhele, qui paissaient leurs troupeaux d'élite sur ses rives. C'était donc dans cette vallée, entre le fleuve et le lac, au milieu de grandes forêts de chênes, de bouleaux, de coudriers et de sorbiers, qu'était située l'humble chaumière de l'Eumée montagnard Niel Booshalloch, des cheminées hospitalières de laquelle Simon Glover vit sortir une colonne épaisse de fumée, à sa grande satisfaction, car il craignait d'avoir le désagrément d'être obligé de passer la nuit en plein air.

Il arriva à la porte de la chaumière, siffla, cria, et fit ainsi connaître son arrivée. Des chiens de berger et des chiens de chasse lui répondirent en aboyant, et leur maître ne tarda pas à se présenter lui-même. Il avait le front soucieux, et il sembla surpris de voir Simon Glover, en dépit des efforts qu'il faisait pour cacher son étonnement; car rien n'est regardé comme plus incivil en ce pays, que de laisser échapper un regard ou un geste qui puisse faire croire à l'hôte qui arrive que sa visite est un incident désagréable ou même inattendu. Le cheval du voyageur fut mené dans une écurie dont la porte était presque trop basse pour qu'il y pût entrer, et Glover lui-même fut introduit dans la maison de Booshalloch, qui, suivant la coutume du pays, plaça devant le voyageur du pain et du fromage, en attendant qu'on lui préparât une nourriture plus substantielle. Simon, qui connaissait parfaitement les mœurs et les habitudes des montagnards, n'eut pas l'air de s'apercevoir des marques évidentes de tristesse de son hôte, ainsi que de celle des membres de sa famille, et après avoir pris pour la forme une bouchée de pain, il demanda en termes généraux : — Quelles nouvelles dans le pays?

— D'aussi mauvaises qu'on ait jamais pu en apprendre, répondit Niel; notre père n'existe plus.

— Comment! s'écria Simon fort alarmé; le chef du clan de Quhele est mort!

— Le chef du clan de Quhele ne meurt jamais, dit Booshalloch, mais Gilchrist Mac-Ian est mort il y a vingt heures, et c'est maintenant son fils Eachin Mac-Ian, qui est notre Chef.

— Quoi! Eachin. C'est-à-dire, Conachar, mon apprenti!

— Parlez de cela le moins que vous pourrez, frère Simon. Il est bon de remarquer, l'ami, que votre métier, qui peut être fort bon pour vous faire vivre dans la ville paisible de Perth, est quelque chose de trop mécanique pour être fort estimé au pied du Ben Lawers et sur les bords du lac Tay. Nous n'avons pas même dans notre langue un mot qui puisse exprimer un faiseur de gants.

— Il serait fort étrange que vous en eussiez un, l'ami Niel, dit Simon d'un ton sec, puisque vous avez si peu de gants à porter. Je crois qu'on n'en trouverait pas une paire dans tout le clan de Quhele, si ce n'est celle que j'ai donnée moi-même à Gilchrist Mac-Ian, à qui Dieu fasse paix, et qui la regarda comme un très-beau présent. Je regrette bien vivement sa mort, car j'étais venu tout exprès pour lui parler d'affaires.

— Vous feriez mieux de tourner la tête de votre cheval du côté du sud demain matin. Les funérailles vont avoir lieu, et elles se feront avec peu de cérémonie; car il doit y avoir un combat entre le clan de Quhele et le clan de Chattan, trente champions de chaque côté, le dimanche des Rameaux; or nous n'avons que bien peu de temps pour pleurer le Chef mort et rendre honneur au vivant.

— Mes affaires sont si pressantes, qu'il faut pourtant que je voie le jeune Chef, ne fût-ce que pour un quart d'heure.

— Écoutez, l'ami; je suppose que vos affaires sont de toucher de l'argent, ou d'acheter quelques marchandises. Or, si notre Chef vous doit de l'argent pour l'avoir élevé ou pour toute autre chose, ce n'est pas le moment de le lui demander quand tous les trésors du clan suffiront à peine pour préparer les armes et l'équipement des combattans, afin que nous puissions nous présenter en face de ces orgueilleux Chats de montagnes de manière à leur montrer notre supériorité. Et si vous venez dans l'intention de trafiquer avec nous, l'instant est encore plus mal choisi. Vous savez que vous avez excité la jalousie de bien des gens parmi nous pour avoir été chargé d'élever notre jeune Chef, honneur qui n'est jamais accordé qu'au plus brave du clan.

— Mais, par sainte Marie! Niel, on devrait se souvenir que cet honneur ne m'a pas été accordé comme une faveur que je sollicitais, et que je ne l'ai accepté qu'à force de prières et d'importunités, et à mon grand préjudice: car ce Conachar, cet Hector, ou quel que soit le nom que vous lui donniez, m'a gâté des peaux de daim pour je ne saurais dire combien de livres d'Écosse.

— Nous y voilà encore! Il y a dans ce que vous venez de dire de quoi vous coûter la vie. Toute allusion aux peaux, aux cuirs, aux daims et aux chevreuils ne peut que vous porter malheur. Notre Chef est jeune, et jaloux de son rang. Personne n'en connaît la raison mieux que vous, l'ami Glover. Il est naturel qu'il désire que tout ce qui peut avoir rapport aux obstacles qui ont failli l'empêcher de succéder à son père, et à l'exil qu'il a subi, soit entièrement oublié; il ne verra pas de très-bon œil quiconque rappellera à son souvenir et à celui de son peuple ce qu'on ne peut se rappeler qu'avec peine. Pensez comment sera regardé en en ce moment le vieux Glover de Perth, dont notre Chef a été si long-temps l'apprenti! Allez, allez, mon ancien ami, vous avez mal calculé en venant ici. Vous vous êtes trop pressé d'adorer le soleil levant quand ses rayons sont encore de niveau avec l'horizon. Venez quand il se sera élevé plus haut dans le ciel, et alors vous recevrez votre part de la chaleur qu'il répandra.

— Niel Booshalloch, nous sommes d'anciens amis, comme vous le dites; et comme je vous crois un véritable ami, je vous parlerai franchement, quoique ce que je vais vous dire pût être dangereux pour moi, si je le disais à d'autres individus de votre clan. Vous croyez que je viens ici pour tâcher de tirer quelque profit de votre jeune Chef, et il est naturel que vous pensiez ainsi. Mais je ne voudrais pas, à mon âge, quitter le coin de mon feu dans Curfew-Street, pour venir me chauffer aux rayons du soleil le plus brillant qui a jamais lui sur les bruyères de vos montagnes. La vérité est que je suis venu ici parce que je ne pouvais mieux faire. Mes ennemis ont l'avantage sur moi, et ils m'ont accusé de choses dont je suis incapable, même en pensée. Et cependant ma vie était en danger, et il fallait me décider à fuir, ou à rester pour périr. Je viens donc vers votre jeune Chef, comme vers un homme qui a trouvé un lieu de refuge chez moi quand il était dans la détresse; qui a mangé de mon pain et bu dans ma coupe. Je lui demande un asile, et j'espère que je n'en aurai pas besoin bien long-temps.

— Le cas est bien différent, si différent, que, si vous arriviez à minuit à la porte de Mac-Ian, ayant en main la tête du roi d'Écosse, et mille hommes à votre poursuite pour tirer vengeance de sa mort, je ne crois pas que son honneur lui permît de vous refuser sa protection. Quant à la question de savoir si vous êtes innocent ou coupable, cela ne change rien à l'affaire; ou pour mieux dire, si vous étiez coupable, il n'en serait que plus obligé à vous accorder un asile, puisqu'en ce cas vous n'en seriez qu'en plus grand danger. Mais il faut que j'aille le trouver sur-le-champ, de peur que quelque langue trop empressée ne lui apprenne votre arrivée sans lui en faire connaître la cause.

— Je suis fâché de vous donner ce souci; — mais ou est le Chef en ce moment?

— A environ dix milles d'ici, occupé des affaires des funérailles et des apprêts du combat — songeant à placer le mort dans la tombe et à préparer les vivans à se battre.

— C'est bien loin; il vous faudra toute la nuit pour y aller et en revenir; et je suis sûr que Conachar, quand il saura que c'est moi qui....

— Oubliez Conachar, dit le garde des bestiaux en plaçant un doigt sur ses lèvres. Quant aux dix milles, ce n'est qu'un saut pour un montagnard qui porte un message à son Chef de la part d'un ami.

A ces mots, et après avoir recommandé le voyageur aux soins de son fils aîné et de sa fille, l'actif Niel Booshalloch partit de sa maison deux heures avant minuit, et il y était de retour long-temps avant le lever du soleil; il ne voulut pas troubler le repos de son hôte fatigué; mais dès qu'il le vit levé, il l'informa que les funérailles du feu Chef devaient avoir lieu dans la matinée, et que quoique Eachin Mac-Ian ne pût inviter un Saxon à une cérémonie funèbre, il le verrait avec plaisir au festin qui devait la suivre.

— Il faut se conformer à sa volonté, dit le gantier, souriant à demi du changement qui venait de s'opérer dans les relations entre lui et son ci-devant apprenti; il est le maître aujourd'hui; mais j'espère qu'il se souviendra que, dans le temps, je n'ai usé de mon autorité qu'avec modération.

— Tout bas, l'ami, tout bas, s'écria Booshalloch; moins vous parlerez de cela, et mieux vaudra. Vous vous trouverez bien accueilli par Eachin, du diable si quelqu'un ose vous inquiéter sur ses domaines. — Mais adieu, car il convient que j'aille aux funérailles du meilleur Chef que le clan ait jamais eu, du plus vaillant capitaine qui ait jamais placé sur sa toque une branche de myrte sauvage. Adieu donc jusqu'au revoir; et si vous voulez monter sur le haut du Tom-an-Lonach, derrière la maison, vous verrez un beau spectacle, et vous entendrez un *coronach* (1) dont le bruit arrivera

(1) Chant funèbre. — Éd.

jusqu'au sommet du Ben Lawers. Dans trois heures, une barque vous attendra dans une petite crique du lac, à un demi-mille du Tay, du côté de l'ouest.

A ces mots il partit, suivi de ses trois fils, qui devaient conduire à la rame la barque sur laquelle il allait joindre le cortège funéraire, et de ses deux filles, dont les voix étaient indispensables pour compléter le chœur de chants funèbres, ou plutôt de cris lamentables qui étaient d'usage dans les occasions de deuil général.

Simon Glover, se trouvant seul, entra dans l'écurie, pour voir si rien ne manquait à son cheval. Il vit qu'on lui avait donné une ration de *graddan*, ou de pain fait avec de l'orge brûlée. Il fut sensible à cette attention, car il savait que la famille en avait peu de reste pour elle-même. La chair des animaux ne manquait pas à ses hôtes; le lac leur fournissait du poisson en abondance pour le carême, qu'ils n'observaient pas strictement; mais le pain était une friandise très-rare chez les montagnards. Les marécages produisaient une espèce de foin, qui certainement n'était pas la meilleure possible, mais les chevaux écossais; de même que leurs cavaliers, étaient alors habitués à une nourriture peu recherchée. Gantelet — car tel était le nom du palefroi de Glover, avait pour litière de la fougère sèche, et au total, ne manquait de rien de ce que l'hospitalité montagnarde avait pu faire pour lui.

Simon Glover, abandonné ainsi à ses réflexions pénibles, ne vit rien de mieux à faire, après s'être assuré que tous les besoins du compagnon muet de son voyage avaient été satisfaits, que de suivre l'avis de Niel Booshalloch, et de monter sur l'éminence nommée Tom-an-Lonach, c'est-à-dire la montagne des Ifs. Après une demi-heure de marche, il arriva sur le sommet, d'où il put voir la belle nappe d'eau du noble lac dont cette hauteur commandait toute l'étendue. Quelques vieux ifs, épars çà et là, justifiaient encore le nom qu'on avait donné à cette montagne, toute couverte de verdure. Mais la plupart avaient été sacrifiés au besoin qu'on avait généralement de bois d'arcs dans ce siècle belliqueux, car c'était une arme dont les montagnards faisaient grand usage, quoique ceux dont ils se servaient, de même que leurs flèches, fussent, pour la forme et la bonté, bien au-dessous de ceux dont les archers anglais étaient armés. Le petit nombre de ces arbres qui restaient encore étaient comme les vétérans d'une armée mise en déroute, occupant en désordre quelque poste avantageux, et bien déterminés à s'y défendre jusqu'à la dernière extrémité. Derrière cette éminence s'élevait une plus haute montagne, qui en était entièrement détachée. Elle était couverte en partie de buissons, et en partie de pâturages assez maigres où les bestiaux cherchaient leur pâture dans le voisinage des sources, tondant l'herbe naissante des endroits marécageux.

Les rives opposées du lac, c'est-à-dire ses côtes septentrionales, offraient un aspect plus montueux que le côté du midi où Glover se trouvait. Des bois et des buissons garnissaient les flancs des montagnes, et disparaissaient parmi les sinuosités formées par les ravins qui les séparaient les unes des autres. Mais dans le lointain, et bien au-dessus de ces échantillons d'un sol naturel encore passable, s'élevaient des montagnes noires et arides, qui offraient aux yeux toute la désolation de la saison où l'on était alors.

Parmi toutes ces montagnes, les unes se terminaient en pic, les autres en table rase; on en voyait qui étaient escarpées et hérissées de rochers, tandis que plusieurs offraient des formes plus adoucies et plus agréables à l'œil. Ce clan de Titans semblait être commandé par des Chefs dignes d'eux; — la montagne imposante de Ben Lawers, et celle de Ben Mohr, qui s'élève bien au-dessus de toutes les autres, dont les pics conservent un brillant casque de neige bien avant dans l'été, et quelquefois même toute l'année. Les confins de cette région sauvage, dans les endroits où les montagnes descendaient vers le lac, offraient pourtant, même à cette époque reculée, des traces d'habitation humaine. Surtout sur les bords septentrionaux du lac, on voyait des hameaux à demi cachés dans ces petites vallées, arrosées par des ruisseaux qui versaient leurs eaux tributaires dans le lac de Tay. Ces hameaux, de même que la plupart des choses terrestres, paraissaient avec avantage quand on les voyait de loin; mais, quand on s'en approchait, les yeux s'en détournaient avec dégoût à cause de leur malpropreté, et ils n'étaient pas même comparables aux wigwams des Indiens; ils étaient habités par une race qui cultivait à peine la terre, et qui n'avait de goût pour aucune des jouissances que procure l'industrie. Les femmes, quoique sous d'autres rapports traitées avec affection, et même avec des égards respectueux, étaient chargées de tous les ouvrages domestiques absolument indispensables. Les hommes, après s'être occupés fort à contre-cœur de quelques travaux d'agriculture, à l'aide d'une mauvaise charrue, ou plus fréquemment d'une bêche, tâche qu'ils regardaient comme infiniment au-dessous d'eux, ne songeaient plus qu'à la garde de leur bétail à poil noir. Dans d'autres temps, ils chassaient et pêchaient par forme d'amusement; et dans les courts intervalles de paix, ils allaient à la maraude. En temps de guerre, ils pillaient avec une licence encore plus hardie, et combattaient avec une animosité sans bornes, que la querelle fût publique ou privée, que la guerre s'étendît sur un théâtre plus ou moins grand: c'était l'affaire principale de leur vie, la seule qu'ils regardassent comme digne d'eux.

Le sein magnifique du lac lui-même offrait une scène qu'on ne pouvait voir qu'avec transport; son étendue, et le grand et beau fleuve qui en sortaient, offraient une perspective que rendait encore plus pittoresque une de ces îles qui sont souvent si heureusement situées sur les lacs d'Écosse. Les ruines presque méconnaissables qu'on trouve encore sur cette île, et qui sont cachées dans les bois, formaient, à l'époque dont nous parlons, les tours et les murailles d'un prieuré où étaient ensevelis les restes de Sibille, fille de Henry Ier, roi d'Angleterre, et épouse d'Alexandre Ier, roi d'Écosse. Ce lieu saint avait été regardé comme digne de recevoir momentanément les dépouilles mortelles du chef du clan de Quhele, qui venait de mourir, jusqu'à ce que l'instant d'un danger alors si imminent étant passé, on pût transporter son corps dans un célèbre couvent du nord, où il devait définitivement être placé à côté de ses ancêtres.

Un grand nombre de barques partaient de différens points du rivage, les unes déployaient une bannière noire; d'autres avaient sur leur proue des joueurs de cornemuse qui faisaient entendre de temps en temps des sons aigus d'un caractère plaintif et mélancolique, annonçant au gantier que la cérémonie allait commencer. Ces sons lugubres n'étaient pourtant en quelque sorte que le prélude du concert de lamentation générale qui devait bientôt s'élever.

Un bruit, éloigné d'abord, parcourut toute la surface du lac, en partant de ces vallées où serpentent le Dochart et le Lochy avant d'apporter leurs eaux au lac Tay. C'était dans cet endroit sauvage et inaccessible, où les Campbells construisirent depuis leur forteresse de Finlayrigg, que le chef naguère redouté du clan de Quhele avait rendu le dernier soupir; et pour donner la pompe convenable à ses obsèques, un nombreux cortège devait accompagner ses restes, sur le lac, jusqu'à l'île où ils devaient être provisoirement déposés. La flotte funéraire, précédée par la barge du Chef, sur laquelle était arboré un grand pavillon noir, avait fait plus des deux tiers de la traversée avant qu'elle fût visible du haut de l'éminence sur laquelle Glover s'était placé. Dès qu'on put entendre les sons du Coronach s'élever de la barge funéraire, le bruit des lamentations particulières cessa tout à coup, comme le corbeau cesse de croasser, et le faucon de siffler, quand retentit le cri de l'aigle. Les barques qui jusqu'alors avaient flotté ça est là sur le lac, comme une troupe d'oiseaux aquatiques dispersés sur sa surface, se rangèrent alors avec une espèce d'ordre pour laisser passer la flottille de deuil, à la suite de laquelle elles se placèrent. Les sons des cornemuses devenaient de plus en plus distincts et perçans, ainsi que les cris de douleur qu'on poussait à bord des barques innombrables du cortège; concert sauvage dont le bruit s'élevait jusqu'au sommet du

Tom-an-Lónach. La barge qui voguait en tête avait sur sa poupe une espèce de plate-forme élevée, sur laquelle était placé le corps du Chef, enveloppé d'un drap blanc, mais le visage découvert. Son fils et ses plus proches parens montaient le même esquif, qui était suivi par un nombre immense de barques de toute espèce, parmi lesquelles il s'en trouvait d'une construction très-fragile. Toutes celles du lac Tay faisaient partie du cortège, et l'on y en avait même transporté par terre du lac d'Earn et de plusieurs autres. On y voyait des *Curraghs*, espèce de canot composé de cuirs de bœuf étendus sur des cerceaux de saule, à la manière des anciens Bretons; et jusqu'à des radeaux formés des premiers morceaux de bois qui s'étaient présentés sous la main, et attachés ensemble d'une manière si précaire, qu'il paraissait probable qu'avant la fin du voyage quelques-uns des membres du clan du défunt suivraient leur Chef dans le pays des esprits.

Quand la principale flottille fut en vue du groupe moins considérable de barques rassemblées vers l'extrémité du lac, et qui se dirigeait vers la petite île, tous ceux qui se trouvaient des deux côtés se saluèrent les uns les autres par un cri si perçant, si général, et terminé par une cadence si sauvage, que non-seulement les daims, à plusieurs milles à la ronde, s'enfuirent de leurs retraites pour chercher les endroits les plus déserts des montagnes, mais encore que les animaux domestiques eux-mêmes, quoique habitués à la voix humaine, éprouvèrent la même terreur qu'elle inspire à ceux qui vivent dans l'état sauvage, et quittèrent précipitamment leurs pâturages, pour se réfugier dans les bois et dans les marécages.

Avertis par ces cris bruyans, les moines qui habitaient la petite île commencèrent à se montrer, sortant par la porte basse de leur couvent, précédés par la croix et la bannière, et avec toute la pompe ecclésiastique qu'il leur était possible de déployer. Leurs cloches, au nombre de trois, faisaient entendre en même temps leurs sons funèbres, qui arrivaient ainsi aux oreilles de cette multitude alors silencieuse, mêlés au chant solennel des prières de l'église catholique, que les moines entonnaient en marchant processionnellement. Diverses cérémonies furent observées pendant que les parens du défunt portaient le corps sur le rivage, où ils le déposèrent sur une petite élévation depuis long-temps consacrée à cet usage, après quoi ils firent le Deasil (1) autour du défunt. Quand on leva le corps pour le transporter dans l'église, la multitude rassemblée poussa un autre cri général dans lequel la voix mâle des guerriers se mêlait aux accens aigus des femmes, aux sons tremblans de celle des vieillards et au bruit perçant de celle des enfans. Le Coronach se fit entendre pour la dernière fois, lorsque le corps entra dans l'intérieur de l'église, où les plus proches parens du défunt, et les chefs les plus distingués du clan, eurent seuls la permission de le suivre. Ce dernier hurlement de douleur fut si bruyant, et fut répété par tant d'échos, que le bourgeois de Perth appuya irrévocablement les mains

---

(1) Coutume très-ancienne, qui consiste à tourner trois fois autour d'une personne morte ou vivante, en lui souhaitant toute sorte de prospérité. Le deasil doit se faire en suivant le cours du soleil, c'est-à-dire de droite à gauche. Si cette cérémonie a pour but de se souhaiter du malheur, on la fait en sens contraire, c'est-à-dire de gauche à droite. (*Note de l'Auteur.*)

sur ses oreilles pour ne pas l'entendre, ou du moins pour en amortir le son perçant. Il conserva cette attitude jusqu'à ce que les faucons, les hiboux et les autres oiseaux, épouvantés par ce bruit, eussent commencé à se rassurer dans leurs retraites ; et comme il retirait ses mains, une voix à son côté lui dit :

— Croyez-vous, Simon Glover, que ce soit là l'hymne de pénitence et de louanges dont l'homme doit être accompagné lorsque, abandonnant sa prison d'argile, il s'élève vers son Créateur (1)?

Le gantier se retourna, et dans les traits bienveillans et les yeux pleins de douceur du vieillard à longue barbe blanche qui était derrière lui, il n'eut pas de peine à reconnaître le père Clément, quoiqu'il ne portât plus ses vêtemens monastiques, et qu'il eût sur la tête une toque de montagnard.

On peut se rappeler que Glover n'aimait pas cet homme, quoiqu'il eût pour lui un sentiment de respect. Son jugement ne pouvait refuser ce respect au caractère et aux qualités du vieux moine; mais la doctrine professée par le père Clément était la cause de l'exil de sa fille et de l'état de détresse dans lequel il se trouvait lui-même. Ce ne fut donc pas avec une satisfaction sans mélange qu'il rendit son salut au vieux moine, et celui-ci fut obligé de lui demander une seconde fois ce qu'il pensait des rites funèbres célébrés avec des cérémonies si étranges.

— Je ne sais trop qu'en dire, mon père, répondit-il enfin ; mais ces gens rendent les derniers devoirs à leur Chef à la manière de leurs ancêtres; leur intention est

(1) Sujet de la vignette du titre de ce volume.

d'exprimer le regret que leur inspire la perte d'un ami, et d'offrir au ciel leurs prières pour lui. Ce qui est fait de bonne foi doit, à mon avis, se prendre de bonne part. S'il en était autrement, il me semble qu'il y a long-temps qu'ils auraient été éclairés, et ils agiraient différemment.

— Vous vous trompez, Simon Glover. Dieu nous a envoyé sa lumière à tous, quoique en proportions différentes; mais l'homme ferme volontairement les yeux, et préfère les ténèbres. Ce peuple égaré mêle au rituel de l'Église romaine les anciennes cérémonies de ses ancêtres païens, unissant ainsi aux abominations d'une Église corrompue par la richesse et le pouvoir, les rites cruels et sanglans d'idolâtres sauvages.

— Mon père, répliqua Simon d'un ton un peu sec, il me semble que vous pourriez vous occuper plus utilement en allant dans cette chapelle aider vos frères à s'acquitter de leurs devoirs, au lieu de chercher à ébranler les principes de croyance d'un humble chrétien comme moi, tout ignorant que je suis.

— Et pourquoi dire, mon bon frère, que je cherche à ébranler les principes de votre croyance? Je prends le ciel à témoin que si mon sang était nécessaire pour cimenter dans l'esprit d'un homme la sainte religion qu'il professe, je le répandrais bien volontiers pour une pareille cause.

— Vos paroles sont belles, mon père, j'en conviens; mais si je dois juger de la doctrine par les fruits, le ciel m'a déjà puni par la main de l'Église pour les avoir déjà écoutées précédemment. Avant que je vous connusse, mon confesseur ne me faisait pas un grand crime d'avoir raconté un conte joyeux en vidant un pot d'ale, quand même un moine ou une nonne en auraient été le sujet. S'il m'arrivait de dire que le père Hubert aimait mieux chasser les lièvres que les ames, je m'en confessais à père Vinesauf, qui ne faisait qu'en rire, et qui me faisait payer un écot pour pénitence ; ou si je disais que le père Vinesauf était plus constant à son flacon qu'à son bréviaire, j'allais m'en confesser au père Hubert, et une paire de gants pour la chasse au faucon me rendait blanc comme la neige. Mais depuis que je vous ai écouté, père Clément, je n'entends plus corner à mes oreilles que le purgatoire dans l'autre monde, le feu et les fagots dans celui-ci. Retirez-vous donc, père Clément, et adressez-vous à ceux qui comprennent votre doctrine. Je n'ai nulle envie d'être martyr. Dans toute ma vie, je n'ai jamais eu une seule fois le courage de moucher une chandelle avec mes doigts ; et pour vous dire la vérité, je suis fortement tenté de retourner à Perth, de solliciter mon pardon de la cour spirituelle, de porter mon fagot au pied du gibet, par forme de rétractation, et de racheter la renommée de bon catholique, fût-ce au prix de tout ce que je possède au monde.

— Vous êtes en colère, mon très-cher frère, et parce que vous courez un faible risque en ce monde, parce que vous pouvez perdre des richesses terrestres, vous vous repentez des bonnes pensées que vous aviez conçues.

— Vous en parlez fort à votre aise, père Clément, vous qui, je crois, avez renoncé depuis long-temps aux biens et aux richesses du monde, et qui êtes préparé à donner votre vie quand on vous la demandera, en échange de la doctrine que vous prêchez et que vous croyez. Vous êtes aussi disposé à vous mettre sur le corps une chemise enduite de poix et un bonnet soufré sur la tête, qu'un homme nu l'est à se mettre au lit, et il me semble que vous n'auriez guère plus de répugnance pour cette cérémonie. Mais moi, je tiens à ce que je possède. Ma fortune m'appartient encore ; elle suffit pour me faire vivre décemment, et j'en rends grace au ciel. J'ai soixante ans, j'ai encore bon pied, bon œil, et je ne suis nullement pressé de voir arriver la fin de la vie. Quand je serais pauvre comme Job, et que j'aurais un pied dans la tombe, ne dois-je pas encore tenir à ma fille, à qui vos doctrines ont déjà coûté si cher?

— Votre fille, ami Simon, peut s'appeler avec vérité un ange sur la terre.

— Oui, et grace à vos leçons, père Clément, il est probable qu'on pourra bientôt l'appeler un ange dans le ciel, et qu'elle y sera transportée sur un chariot de feu.

— Mon bon frère, cessez, je vous prie, de parler de ce que vous ne comprenez pas. Puisque c'est perdre le temps que de vous montrer la lumière à laquelle vous fermez les yeux, écoutez ce que j'ai à vous dire relativement à votre fille, dont le bonheur temporel est aussi cher à Clément Blair qu'il peut l'être à son propre père, quoique je ne le mette pas un instant en comparaison avec sa félicité éternelle.

Des larmes brillaient dans les yeux du vieillard tandis qu'il parlait ainsi, et Simon Glover se sentit attendri.

— Père Clément, lui dit-il, on vous croirait le meilleur et le plus aimable des hommes. Comment se fait-il donc qu'en quelque lieu que vous portiez vos pas, vous n'engendriez que mauvaise volonté contre vous ? Je gagerais ma vie que vous avez déjà trouvé le moyen d'offenser cette demi-douzaine de pauvres moines enfermés dans leur cage entourée d'eau, et qu'il vous a été défendu de vous présenter aux funérailles.

— C'est la vérité, mon fils ; et je doute que leur méchanceté me permette de rester dans ce pays. Je n'ai fait que leur dire quelques mots sur la folie superstitieuse de se rendre dans l'église de Saint-Fillan pour découvrir le vol par le moyen de sa cloche, et pour rendre la raison aux malheureux qui en sont privés en les baignant dans une citerne ; et sur-le-champ les persécuteurs m'ont retranché de leur communion, comme ils voudront bientôt me retrancher du nombre des vivans.

— Vous y voilà ! voyez ce que c'est qu'un homme qui ne veut pas se tenir pour averti ? Eh bien, père Clément, je vous dirai qu'on n'aura jamais aucune raison pour me retrancher du nombre des vivans, si ce n'est pour avoir fréquenté votre compagnie. Je vous prie donc de m'apprendre ce que vous avez à me dire de ma fille ; et ensuite soyons voisins l'un de l'autre un peu moins que nous ne l'avons été.

— Voici donc, frère Simon, ce que j'ai à vous apprendre. Ce jeune Chef contemple avec orgueil son pouvoir et la gloire qu'il y attache ; il existe pourtant une chose qu'il y préfère, et c'est votre fille.

— Lui ! Conachar ! Mon apprenti fugitif lever le yeux sur ma fille !

— Hélas ! comme l'orgueil mondain a de force ! il s'attache à nous comme le lierre à la muraille, et rien ne peut l'en détacher. — Lever les yeux sur votre fille, mon bon Simon! hélas, non! le chef du clan du Quhele, grand comme il est, et espérant de le devenir bientôt encore davantage, laisse tomber un regard sur la fille du bourgeois de Perth, et croit s'abaisser en agissant ainsi. Mais, pour me servir de son expression profane, Catherine lui est plus chère que la vie en ce monde et le ciel dans l'autre. — Il ne peut vivre sans elle.

— En ce cas, il peut mourir si bon lui semble; car je l'ai promise à un honnête bourgeois de Perth, et je ne manquerais pas à ma parole, quand il s'agirait de lui donner pour époux le prince d'Écosse.

— J'avais prévu que telle serait votre réponse. Je voudrais, mon digne ami, que vous pussiez apporter dans vos intérêts spirituels une partie de la résolution intrépide avec laquelle vous conduisez vos affaires temporelles.

— Silence, père Clément, silence! Quand vous retombez sur ce sujet, vos discours sentent la poix enflammée; c'est une odeur que je n'aime point. Quant à Catherine, je m'arrangerai de mon mieux pour ne pas offenser le jeune Chef; mais il est heureux pour moi qu'elle soit hors de sa portée.

— Il faut donc qu'elle soit bien loin, dit le vieux moine. Et maintenant, frère Simon, puisque ma présence et mes opinions vous paraissent dangereuses, je resterai seul avec ma doctrine et les dangers qu'elle attire sur moi. Mais si vos yeux, moins aveuglés qu'ils ne le sont à présent par les craintes et les espérances mondaines, jetaient jamais un regard en arrière sur celui qui peut bientôt vous être enlevé, souvenez-vous que ce n'est qu'un sentiment profond de la vérité et de l'importance de la doctrine qu'il enseignait qui a pu apprendre à Clément Blair à mépriser et même à provoquer l'animosité de ceux qui sont armés de puissance et de méchanceté, à exciter la crainte des envieux et des hommes timides, à vivre dans le monde comme s'il n'y appartenait pas, à consentir que les hommes le regardassent comme privé de raison, dans l'espoir de gagner des ames à Dieu. Le ciel m'est témoin que rien de ce qui est légal et permis ne me rebuterait pour gagner l'affection de mes semblables; car ce n'est pas peu de chose que d'être évité par les gens estimables comme un pestiféré, d'être persécuté par les pharisiens du jour comme un hérétique infidèle, d'être l'objet du mépris et de l'horreur de la multitude, qui me regarde comme un fou dangereux. Mais quand tous ces maux seraient multipliés au centuple, le feu qui m'anime ne serait pas étouffé, la voix intérieure qui me dit : — Parle ! — n'en serait pas moins écoutée. Malheur à moi si je ne prêche pas l'évangile, quand même je devrais finir par le prêcher sur un bûcher enflammé !

Ainsi parlait ce moine intrépide, un de ces hommes suscités par le ciel de temps en temps pour conserver au milieu des siècles d'ignorance et transmettre à ceux qui devraient les suivre la manifestation d'un pur christianisme, depuis le temps des apôtres jusqu'au moment où, favorisée par l'invention de l'imprimerie, la réformation parut dans toute sa splendeur. Le gantier ne put fermer les yeux sur l'égoïsme de sa politique, et il se méprisa lui-même en voyant le vieux moine se détourner de lui avec un air de sainte résignation. Il fut tenté un moment de suivre l'exemple que lui donnaient la philanthropie et le zèle désintéressé du prédicateur; mais ce mouvement fut comme l'éclair qui pénètre un instant dans un souterrain ténébreux, où il ne se trouve rien pour conserver sa flamme. Il descendit à pas lents de la montagne, en suivant un chemin différent de celui qu'avait pris le père Clément, qu'il oublia bientôt, ainsi que sa doctrine, pour ne songer qu'à l'inquiétude que lui causait le destin de sa fille et le sien.

CHAPITRE XXVIII.

La cérémonie des obsèques étant terminée, la même flottille qui était arrivée formant sur les eaux du lac une pompe mélancolique et solennelle, se prépara à repartir, bannières déployées et avec toutes les démonstrations de la joie et de la gaieté; car on n'avait pas de temps à perdre pour célébrer une fête, quand l'époque fixée pour le combat entre les montagnards du clan de Quhele et leurs redoutables rivaux était si voisine. Il avait donc été convenu que la solennité funèbre serait immédiatement suivie de la fête qui avait ordinairement lieu lors de l'inauguration du nouveau Chef.

Quelques objections furent faites à cet arrangement, qu'on prétendait de mauvais augure. Mais, d'une autre part, il avait en sa faveur les habitudes et les sentimens des montagnards, qui, encore aujourd'hui, sont accoutumés à mêler une gaieté de fête à leurs cérémonies de deuil, comme une sorte de mélancolie à leurs divertissemens. La répugnance ordinaire à parler de ceux qu'on a aimés et qu'on a perdus, et même à y penser, est moins commune chez cette race grave et enthousiaste que partout ailleurs. Non-seulement on y entend les jeunes gens citer avec éloge, comme c'est l'usage en tout pays, les parens qui, suivant le cours de la nature, ont quitté ce monde avant eux, mais la veuve fait de l'époux qu'elle a perdu un sujet de conversation ordinaire, et, ce qui est encore plus étrange, les père et mère font de fréquentes allusions à la beauté de la fille ou à la valeur du fils qui ont cessé d'exister. Les montagnards écossais paraissent considérer la mort de leurs parens comme une séparation moins complète et moins absolue qu'on ne l'envisage dans les autres pays. Ils parlent des objets chéris qui sont entrés dans la tombe avant eux, comme s'ils avaient entrepris un long voyage, dans lequel ils doivent bientôt eux-mêmes les suivre. Le festin funéraire, coutume universelle dans toute l'Écosse, n'offrait donc, dans l'opinion de ceux qui devaient y assister, rien d'incompatible avec les réjouissances qui devaient célébrer l'inauguration du nouveau Chef.

Ce nouveau Chef, le jeune Mac-Ian, monta sur la barque qui avait si récemment transporté le défunt au lieu de sa sépulture, et les ménestrels firent retentir les airs de leurs chants les plus joyeux pour féliciter Eachin sur son avénement, de même qu'ils avaient fait entendre les sons les plus lugubres quand ils avaient accompagné Gilchrist au tombeau sur toute la flottille qui le suivait; des airs de triomphe remplaçaient les cris lamentables qui avaient, si peu de temps auparavant, troublé les échos du lac Tay. Mille acclamations saluèrent le jeune Chef quand on le vit debout sur la poupe, armé de toutes pièces, dans la fleur de la beauté et toute l'activité de la jeunesse, là même où le corps de son père avait été entouré d'amis plongés dans l'affliction, et dont la bouche ne s'ouvrait maintenant que pour des accens d'allégresse. Une barque de la flottille se tenait toujours près de la barge d'honneur. Torquil du Chêne, géant à cheveux gris, en maniait le gouvernail, et ses huit enfans, tous d'une stature au-dessus de la taille ordinaire, faisaient mouvoir les rames. Semblable à un chien-loup favori, détaché de sa chaîne et sautant autour de son maître, la barque conduite par ses frères de lait passait à côté de la barge du Chef, tantôt à droite, tantôt à gauche, et décrivait même un cercle tout autour, avec l'expression d'une joie extrême, tandis qu'avec la vigilance jalouse de l'animal auquel nous l'avons comparée, elle rendait dangereux à tout autre esquif de la flottille d'en approcher d'aussi près, par le risque qu'elle aurait couru d'être renversée et coulée à fond par la hardiesse et l'impétuosité de ses manœuvres. Élevés à un rang éminent dans leur clan par l'avénement de leur frère de lait à la première dignité, ils témoignaient, de cette manière tumultueuse et presque terrible, la part qu'ils prenaient au triomphe de leur Chef.

Beaucoup plus loin, et avec des sentimens bien différens, au moins de la part d'un des individus qui s'y trouvaient, s'avançait la petite barque conduite par Booshalloch et un de ses fils, et sur laquelle Simon Glover était passager.

— Si nous devons aller jusqu'à l'extrémité du lac, dit Simon à son ami, il se passera bien des heures avant que nous y arrivions.

Tandis qu'il parlait ainsi, et à un signal qui fut fait de la barge du Chef, l'équipage de la barque des frères de lait, ou des Leichtachs, laissa reposer ses rames jusqu'à l'instant où celle de Booshalloch arriva. Lui jetant alors une corde faite de courroies que Niel attacha à sa proue, les rameurs se remirent en besogne, et quoiqu'ils eussent la petite barque en remorque, ils fendirent l'eau du lac presque avec la même rapidité qu'auparavant. Le frêle esquif était entraîné avec une impétuosité qui semblait menacer de le faire chavirer, ou d'en arracher la proue.

Simon Glover vit avec inquiétude l'impétuosité furieuse de leur course, et la proue de la barque qu'il montait se baisser quelquefois à un pouce ou deux du niveau de l'eau. Son ami Niel Booshalloch avait beau l'assurer que tout cela se faisait en son honneur, il n'en désirait pas moins que la traversée se terminât promptement et heureusement. Ce fut ce qui arriva, et plus tôt qu'il ne s'y attendait, car l'endroit où la fête devait se donner n'était qu'à quatre milles de distance de l'île où la sépulture avait eu lieu. On l'avait choisi pour faciliter la marche du Chef, qui devait partir du côté du sud-est aussitôt que le banquet serait terminé.

Une baie sur la côte méridionale du lac Tay présentait un beau rivage couvert d'un sable étincelant, où les barques pouvaient aborder aisément, et au-delà une prairie ornée d'un gazon assez vert pour la saison, autour de laquelle s'élevaient des montagnes couvertes d'arbres et de buissons. C'était sur cette prairie qu'on avait fait avec prodigalité tous les préparatifs pour la fête.

Les montagnards, bien connus par leur habileté à manier la hache, avaient construit pour le banquet une longue salle champêtre qui pouvait contenir deux cents hommes, et tout autour un grand nombre de huttes plus petites semblaient destinées pour y passer la nuit. Les poutres et les supports de ce grand bâtiment étaient de gros pins des montagnes, auxquels on avait laissé leur écorce. Les murs en étaient construits de planches épaisses de même bois, ou de plus petits arbres équarris, joints ensemble par des rameaux de sapin et d'autres arbres verts qu'on trouvait en abondance dans les bois voisins ; les montagnes avaient fourni des bruyères pour en couvrir le toit. Ce fut dans ce palais champêtre que les personnages les plus importans furent invités à prendre place. Ceux d'un rang inférieur devaient être régalés sous divers hangars construits avec moins de soin, et des tables de gazon ou de planches brutes, placées en plein air, étaient destinées à la multitude. Plus loin on voyait des brasiers de charbon ardent, et des bûchers de bois enflammé, autour desquels des cuisiniers sans nombre tournaient, s'agitaient comme des démons travaillant dans leur élément. De grands trous, creusés dans les flancs d'une montagne, et garnis de pierres rougies au feu, servaient à faire cuire des pièces immenses de bœuf, de mouton et de venaison. Des broches de bois soutenaient des moutons et des chevreaux qu'on faisait rôtir tout entiers. D'autres étaient coupés par morceaux, et on les faisait bouillir dans des chaudrons faits avec le cuir des animaux dont la chair allait garnir les tables. Enfin on faisait griller sur des charbons, avec plus de cérémonie, des brochets, des truites, des saumons et des *chars* (1). Le gantier

(1) Poisson du genre du saumon, qu'on ne pêche, suivant Johnson, que dans les comtés de Lancastre et de Westmoreland, mais qui cependant est également abondant en Écosse. — Éd.

avait assisté à plus d'un banquet chez les montagnards, mais il n'en avait vu aucun dont les apprêts eussent été faits avec cette profusion barbare.

Il n'eut cependant que peu de temps pour admirer la scène qui l'entourait, car dès qu'ils furent sur le rivage, Booshalloch lui dit, avec quelque embarras, que, comme ils n'avaient pas été invités à s'asseoir à la table d'honneur, contre son attente, ils feraient bien de s'assurer une place à l'une de celles qui étaient dressées sous des hangars et il le conduisait de ce côté quand il fut arrêté par un des gardes-du-corps du Chef, qui paraissait remplir les fonctions de maître des cérémonies, et qui lui dit quelques mots à l'oreille.

— C'est ce que je croyais, dit le gardien des bestiaux; je pensais bien que ni l'étranger, ni un homme qui occupe une place comme la mienne, ne seraient exclus de la première table.

On les conduisit dans le grand bâtiment, où était une longue table dont la plupart des places étaient déjà occupées par des convives, tandis que des montagnards qui remplissaient le rôle de domestiques y plaçaient avec profusion les mets fort simples qui composaient le festin. Le jeune Chef vit certainement entrer Glover et son compagnon, mais il ne leur donna aucune marque d'attention, et on les plaça au bas bout de la table, bien au-dessous de la salière (1), antique et énorme pièce d'argenterie, seul objet de quelque valeur qui pût

---

(1) Ce qu'on appelait alors la salière était une espèce de surtout auquel on donnait une forme de fantaisie; quelquefois celle d'une montagne, d'une tour, d'un château. Il s'y trouvait des compartimens où l'on plaçait le sel, les épices et différentes sauces. Elle

frapper les yeux, et que tout le clan regardait comme une espèce de palladium, qu'on n'exposait aux regards et dont on ne se servait que dans les occasions les plus solennelles, comme la fête qu'on célébrait ce jour-là.

Booshalloch, un peu mécontent, dit tout bas à Simon, en se mettant à table : — Les temps sont changés, ami Simon. Son père, puisse son ame être en paix, nous aurait parlé à tous deux ; mais il a pris de mauvaises manières en vivant avec vous autres Sassenachs(1) dans les Basses-Terres.

Glover ne jugea pas à propos de répondre à cette remarque, et il s'occupa à regarder les branches d'arbres verts, les peaux et les autres ornemens qui décoraient l'intérieur de la salle. Les plus remarquables étaient un grand nombre de cottes de mailles fabriquées dans les montagnes, de bonnets d'acier, de haches d'armes et d'épées à deux mains, qui étaient suspendus au haut des murailles avec des boucliers richement travaillés. Chaque cotte de mailles était suspendue sur une peau de daim bien apprêtée, qui faisait voir l'armure avec avantage, et qui la préservait de l'humidité.

— Ce sont, lui dit Booshalloch à demi-voix, les armes des champions choisis par notre clan. Ils sont au nombre de vingt-neuf, comme vous le voyez, Eachin étant lui-même le trentième ; et s'il n'avait pas porté son armure aujourd'hui, vous la verriez suspendue ici comme les

---

occupait le milieu de la table. Les convives d'un rang distingué s'asseyaient vers le haut bout en dessus de la salière. Ceux d'une moindre condition, et même les domestiques, étaient placés en dessous, c'est-à-dire vers le bas bout. — Tr.

(1) Sassenachs ou Saxons. Les montagnards donnaient le nom de Sassenachs aux habitans des Basses-Terres. — Éd.

autres : et après tout, il n'a pas un haubert aussi bon qu'il devrait en porter un le dimanche des Rameaux. Ces neuf armures de si grande taille sont pour les Leichtachs, de qui on attend tant de choses.

— Et ces bonnes peaux de daim, dit Simon, en qui l'esprit de sa profession s'éveillait en voyant les marchandises de son commerce, croyez-vous que le Chef soit disposé à les vendre? On en a besoin pour fabriquer les pourpoints que les chevaliers portent sous leur armure.

— Ne vous ai-je pas prié de ne pas dire un mot à ce sujet? répondit Niel.

— C'est des cottes de mailles que je veux parler, répliqua Simon. Puis-je vous demander s'il y en a quelqu'une qui ait été faite par notre célèbre armurier de Perth, nommé Henry Smith?

—Tu es encore plus malencontreux qu'auparavant, dit Niel. Le nom de cet homme produit sur l'esprit d'Eachin le même effet qu'un ouragan sur les eaux du lac; et cependant personne n'en connaît la cause.

— Je puis la deviner, pensa notre gantier; mais il garda cette pensée renfermée dans son cœur. Ayant amené deux fois la conversation sur des sujets de si mauvais augure, il ne chercha pas à en entamer un troisième, et il ne songea plus qu'à faire honneur au repas, comme ceux qui l'entouraient.

En parlant des apprêts du festin, nous en avons dit assez pour que le lecteur puisse conclure qu'il offrait la plus grande simplicité, quant à la qualité des mets. Ils consistaient principalement en énormes pièces de viande qu'on mangea sans beaucoup de scrupule, en dépit du carême, et quoique plusieurs moines du couvent de l'île honorassent le banquet de leur présence. Les assiettes étaient de bois, et il en était de même des coupes, dans lesquelles les convives buvaient indistinctement toutes les liqueurs qu'on leur présentait, et même le jus des viandes, qu'on regardait comme une friandise. Il y avait aussi du laitage préparé de différentes manières, servi de même sur des plats de bois, et dont on faisait grand cas. Le pain était l'objet le plus rare du festin ; mais, par une distinction spéciale, on servit deux petits pains à Glover et à son ami Niel. Pour manger, et à la vérité la même coutume avait lieu alors dans toute la Grande-Bretagne, les convives se servaient de leurs petits couteaux de chasse, nommés *skenes*, ou de leurs grands poignards, appelés *dirks*, sans s'inquiéter de la réflexion qu'ils pouvaient avoir quelquefois servi à un usage tout différent, et plus fatal.

Au haut bout de la table était un fauteuil non occupé, élevé de deux marches au-dessus du plancher, couvert d'un dais formé par des branches de houx et de lierre, et sur lequel étaient appuyés une épée dans son fourreau, et une bannière ployée. C'était le siège du Chef défunt, et on l'avait laissé vacant par respect pour sa mémoire. Eachin occupait une chaise plus basse à main droite de la place d'honneur.

Le lecteur se tromperait grandement si, d'après cette description, il supposait que les convives se conduisirent comme une troupe de loups affamés, en profitant en vrais gloutons d'un repas tel qu'ils en trouvaient rarement. Au contraire tous les membres du clan de Quhele se comportèrent avec cette sorte de réserve polie, et cette attention aux besoins des autres, qu'on trouve souvent chez les nations primitives, et surtout parmi celles qui ont toujours les armes à la main, parce que le soin d'observer les règles de la politesse est nécessaire pour éviter les querelles, l'effusion de sang et la mort. Les convives prirent les places qui leur furent assignées par Torquil du Chêne, qui, remplissant les fonctions de maréchal *Tach*, c'est-à-dire d'intendant du festin, indiquait à chacun celle qu'il devait occuper, en la touchant d'une baguette blanche, sans prononcer un seul mot. Ainsi placés en ordre, ils attendirent patiemment la distribution des vivres, qui fut faite par les Leichtachs, les hommes les plus braves, les guerriers les plus distingués du clan, recevant une double portion, qu'on appelait emphatiquement *biey fir*, ou portion d'un homme. Lorsque les écuyers tranchans eurent terminé leurs fonctions, ils prirent leurs places à table, et chacun d'eux reçut une de ces doubles portions. On plaça de l'eau à portée de chacun, et une poignée de mousse tenait lieu de serviette, de sorte que, comme à un banquet de l'Orient, on se lavait les mains chaque fois qu'on renouvelait le service. Le barde chanta les louanges du Chef défunt, et exprima la confiance du clan dans les vertus naissantes de son successeur. Le Seanachie fit l'histoire de la généalogie de la tribu, qu'il fit remonter à la race des Dalriades(1). Les joueurs de harpe (2) firent retentir la salle du son de leurs in-

(1) Les premières colonies des Scotts venaient, dit-on, d'une contrée de l'Irlande appelée *Dalriada*. L'histoire des Dalriades est enveloppée de beaucoup d'obscurités. On compte vingt-trois rois Dalriades dans la longue série des rois d'Écosse dont les portraits ornent encore le château d'Holyrood. — Éd.

(2) Les anciens bardes d'Écosse connaissaient cet instrument qui n'existe plus dans les Highlands. — Éd.

strumens, tandis que celui des cornemuses égayait la multitude en plein air. La conversation fut grave, civile et paisible; on ne se permit aucun bon mot qui passât les bornes d'une plaisanterie agréable, et qui pût exciter plus qu'un sourire passager; nulle voix ne s'éleva au-dessus des autres, et l'entretien ne dégénéra jamais en argumentation. Simon Glover avait entendu cent fois plus de bruit dans un repas de corps dans la ville de Perth, que n'en firent en cette occasion deux cents montagnards sauvages.

Les liqueurs qu'on servit n'eurent pas même le pouvoir de faire oublier aux convives les lois du décorum et de la gravité. Elles étaient de différentes espèces. — Le vin ne parut qu'en petite quantité, et l'on n'en offrit qu'aux personnages les plus distingués. Simon Glover eut encore l'honneur de se trouver compris dans ce nombre privilégié. Il est vrai que le petit pain et le vin furent les seules marques d'attention qu'il reçut pendant tout le festin; mais Niel, voulant faire à son maître une réputation d'hospitalité, ne manqua pas d'insister sur ce qui était, selon lui, les preuves d'une haute considération. — Les liqueurs distillées, si généralement en usage depuis chez les montagnards, étaient alors presque inconnues. On ne servit que très-peu d'usquebaugh, et il était tellement saturé d'une décoction de safran et d'autres herbes aromatiques, qu'il aurait pu passer pour une potion médicinale plutôt que pour une liqueur destinée à un jour de fête. — Le cidre et l'hydromel ne furent pas épargnés; mais la boisson la plus générale fut l'ale, dont on avait brassé une grande quantité pour cette occasion. On n'en but pourtant qu'avec une modération que ne connaissent guère les Highlanders modernes. Une coupe à la mémoire du Chef défunt fut le premier toast qu'on porta lorsque le repas fut terminé ; et un murmure sourd de bénédictions se faisait entendre dans toute la compagnie, quand les moines, unissant leurs voix, entonnèrent un *requiem*. Un silence complet s'ensuivit, comme si l'on eût attendu quelque chose d'extraordinaire. Alors Eachin se leva, monta au siège resté vacant, avec un air mâle et fier, mais accompagné de modestie, et dit avec un ton de dignité et de fermeté :

— Je réclame, comme m'appartenant de droit, ce siège et l'héritage de mon père. Ainsi puissent m'être favorables Dieu et saint Barr !

— Comment gouvernerez-vous les enfans de votre père ? lui demanda un vieillard, oncle du défunt.

— Je les défendrai avec la claymore de mon père, et je leur rendrai justice sous la bannière de mon père.

Le vieillard, d'une main tremblante, tira du fourreau l'arme pesante ; et la prenant par la lame, il en présenta la poignée au jeune Chef. En même temps Torquil du Chêne déploya la bannière du clan, et la fit flotter plusieurs fois sur la tête d'Eachin, qui, avec autant de grace que de dextérité, fit brandir son énorme claymore comme pour la défendre. Les convives poussèrent des acclamations bruyantes pour annoncer qu'ils acceptaient le Chef patriarcal, et il n'y eut personne qui dans le jeune homme habile et plein de grace qui était devant eux fût disposé à reconnaître celui dont la naissance avait donné lieu à de sinistres prédictions. Tandis qu'il était debout, couvert d'une brillante armure, appuyé sur le glaive, et témoignant par des gestes gracieux sa reconnaissance des acclamations qui retentissaient dans la salle et sur toute la prairie, Simon Glover était tenté de douter que la figure majestueuse qu'il avait sous les yeux fût celle du même jeune homme qu'il avait souvent traité avec si peu de cérémonie, et il commença à craindre qu'il n'en résultât quelques conséquences fâcheuses pour lui. Un chœur général des instrumens de tous les ménestrels succéda aux acclamations, et les rochers et les bois répétèrent les sons joyeux des harpes et des cornemuses, comme ils avaient répété peu auparavant les lamentations de la douleur.

Nous n'entrerons pas dans de plus longs détails sur cette fête d'inauguration; nous passerons sous silence les toasts qu'on but en l'honneur des anciens héros du clan, et surtout aux vingt-neuf braves qui allaient bientôt combattre pour lui sous les yeux et sous les ordres de leur jeune Chef. Les bardes, qui dans les anciens temps joignaient à leur fonction de poètes celle de prophètes, se hasardèrent à leur prédire la victoire la plus éclatante, et peignirent dans leurs chants la fureur avec laquelle le Faucon Bleu, emblème du clan de Quhele, mettrait en pièces le Chat de la Montagne, symbole bien connu du clan de Chattan.

Le soleil était sur le point de se coucher, quand une coupe en bois de chêne, et cerclée en argent, qu'on appelait la Coupe de Grace, fit le tour de la table pour donner aux convives le signal de se séparer. Cependant ceux qui désiraient prolonger la fête encore plus longtemps furent libres de se satisfaire en passant sous des hangars. Quant à Simon Glover, Booshalloch le conduisit à une petite hutte qui semblait avoir été construite pour l'usage d'un seul individu. Un lit de fougère et de mousse y avait été arrangé aussi bien que la saison le permettait, et une ample provision de mets semblables à ceux qui avaient été servis au festin prouvait qu'on avait eu dessein que rien ne pût lui manquer.

— Ne quittez pas cette hutte, dit Booshalloch en prenant congé de son ami, de son protégé; c'est le lieu de repos qui vous est destiné; mais on peut perdre son appartement dans une nuit de confusion semblable, et si le blaireau quitte son terrier le renard peut s'en emparer.

Cet arrangement ne fut nullement désagréable à Simon Glover. Le tumulte de cette journée l'avait fatigué, et il sentait le besoin de prendre du repos. Il mangea un morceau, — but une coupe de vin pour chasser le froid, — murmura sa prière du soir, — s'enveloppa de son manteau, et se jeta sur une couche qu'une ancienne connaissance lui avait rendue familière et même agréable. Le bruit qui régnait encore autour de lui, et même les acclamations que poussait de temps en temps la foule qui continuait à se divertir, n'interrompirent pas son repos bien long-temps, et au bout d'environ dix minutes il était aussi profondément endormi que s'il eût été couché sur son propre lit dans Curfew-Street.

CHAPITRE XXIX.

> Polonius. — « Toujours parlant de ma fille. »
> Shakspeare. *Hamlet.*

Deux heures avant que le coq de bruyères eût chanté, Simon fut éveillé par une voix bien connue, qui l'appela par son nom.

— Quoi, Conachar ! s'écria-t-il en s'éveillant en sursaut ; — est-il donc déjà si tard ? Ouvrant les yeux, il vit devant lui l'individu auquel il songeait, et au même instant les événemens de la veille s'étant retracés à son souvenir, il s'aperçut avec surprise que la vision conservait la forme qu'il lui avait donnée pendant son sommeil.

Ce n'était pas le Chef montagnard armé de pied en

cap et tenant en main sa claymore, comme il l'avait vu la veille ; c'était Conachar de Curfew-Street, sous ses humbles vêtemens d'apprenti, et tenant en main une baguette de bois de chêne, qu'il avait sous les yeux. Une apparition n'aurait pas surpris davantage notre bourgeois de Perth. Tandis qu'il le regardait avec surprise, le jeune homme dirigea vers lui la clarté d'une lanterne qu'il portait, et dans laquelle brûlait un morceau de bois de marécages (1), et il répondit à l'exclamation que le gantier avait faite en s'éveillant :

— Oui, père Simon ; c'est Conachar, qui vient renouveler connaissance avec vous, dans un moment où l'on y fera moins d'attention.

En parlant ainsi, il s'assit sur un tréteau qui servait de chaise, et plaçant sa lanterne à côté de lui, il continua à parler du ton le plus amical.

— J'ai goûté de votre bonne chère plus d'une fois, père Simon ; j'espère que vous n'en avez pas manqué dans ma famille.

— Non certainement, Eachin Mac-Ian, répondit le gantier, — car la simplicité de la langue et des mœurs celtiques n'admet aucuns titres honorifiques, — elle était même trop bonne pour ce temps de carême, et

---

(1) On trouve dans certains marécages d'Écosse et d'Irlande, et à différentes profondeurs, une immense quantité d'arbres couchés transversalement, et qui semblent avoir été séparés de leurs racines par l'action du feu, quoiqu'on n'en voie de traces qu'à l'endroit de cette séparation ; phénomène qui n'a pas encore été expliqué d'une manière satisfaisante. Le bois de ces arbres est parfaitement conservé. On s'en sert pour la construction des bâtimens, et comme il est imprégné d'une grande quantité de sucs bitumineux, on en fait des torches qui brûlent parfaitement. — Tr.

beaucoup trop bonne pour moi, car je dois rougir en pensant que vous avez trouvé une chère bien inférieure dans Curfew-Street.

— Je me servirai de votre propre expression, père Simon : elle était trop bonne pour ce que méritait un apprenti fainéant, et pour les besoins d'un jeune montagnard. Mais si vous avez été satisfait hier de la chère que vous avez trouvée, l'avez-vous été également de l'accueil que vous avez reçu ? Ne le niez pas : je sais que vous ne l'avez pas été. Mais mon autorité sur mon clan est encore bien jeune, et je ne dois pas fixer trop tôt son attention sur le temps que j'ai passé dans les basses terres; époque que je n'oublierai pourtant jamais.

— J'en comprends parfaitement la cause; aussi est-ce malgré moi, et en quelque sorte à mon corps défendant, que je suis venu si tôt vous rendre une visite.

— Paix, père Glover! paix! Je suis charmé que vous soyez venu voir une partie de ma splendeur montagnarde, pendant qu'elle brille encore. Revenez ici après le dimanche des Rameaux, et qui sait ce que vous pourrez trouver et qui vous verrez sur le territoire que nous possédons aujourd'hui? Le chat sauvage peut creuser sa tanière dans l'endroit où s'élève maintenant la salle de banquet de Mac-Ian.

Le jeune Chef se tut, et appuya sur ses lèvres le haut de sa baguette, comme pour s'empêcher d'en dire davantage.

— Il n'y a rien à craindre à cet égard, Eachin, dit Simon avec cette manière vague que prend souvent un consolateur tiède quand il veut détourner l'esprit d'un ami de réflexions occasionées par un danger inévitable.

— Il y a tout à craindre, répondit Eachin ; il y a péril d'une ruine totale, et certitude positive d'une grande perte. Je suis surpris que mon père ait accepté cette proposition astucieuse d'Albany. Je voudrais que Mac Gillie Chattachan s'entendît avec moi, et alors, au lieu de répandre notre meilleur sang l'un contre l'autre, nous descendrions ensemble dans le Strathmore, nous tuerions tout ce qui nous résisterait, et nous prendrions possession du pays. Je serais maître de Perth, il le serait de Dundee, et toute la grande vallée nous appartiendrait jusqu'aux bords du Frith et du Tay. Telle est la politique que j'ai apprise de votre vieille tête grise, père Simon, tandis que je tenais une assiette, debout derrière vous, et que je vous écoutais jaser le soir avec le bailli Craigdallie.

— On a bien raison de dire que la langue est un membre désordonné, pensa le gantier. Voilà que j'ai tenu une chandelle au diable, pour lui montrer le chemin.

Mais il se contenta de dire tout haut : — Ces plans viennent trop tard.

— Trop tard sans doute, répondit Eachin. Les conventions du combat ont reçu nos marques et nos sceaux ; des insultes et des forfanteries mutuelles ont fait de la haine ardente du clan de Quhele et de celui de Chattan une flamme inextinguible. Oui, le temps en est passé. Mais parlons de vos affaires, père Glover. C'est la religion qui vous a amené ici, à ce que Niel Booshalloch m'a dit. Certainement j'avais appris à connaître assez bien votre prudence pour ne pas vous soupçonner d'être en querelle avec l'Église. Quant à mon ancienne connaissance, le père Clément, c'est un de ces hommes qui courent après la couronne du martyre; il croit qu'un poteau entouré de fagots embrasés est plus digne d'embrassemens qu'une jeune épouse. C'est un vrai chevalier errant, armé de toutes pièces pour la défense de ses opinions religieuses, et partout où il va il trouve à combattre. Il s'est déjà fait une querelle avec les moines de l'île de Sibyle, je ne sais sur quel point de doctrine. L'avez-vous vu?

— Je l'ai vu, mais je ne lui ai parlé qu'un instant; j'étais pressé par le temps.

— Il peut vous avoir dit qu'il existe une troisième personne, une personne qui vraisemblablement, je crois, pourrait fuir pour la religion à meilleur titre que vous, citoyen circonspect, ou que lui, prédicateur fougueux, et qui serait bien accueillie si elle venait réclamer notre protection. Ton esprit est bien obscur, vieillard, ou tu ne veux pas me comprendre :... ta fille Catherine!

Le jeune Chef dit ces derniers mots en anglais, et il continua la conversation dans la même langue, comme s'il eût craint d'être entendu et même comme s'il eût hésité involontairement à s'exprimer comme il le faisait.

— Ma fille Catherine, dit le gantier se rappelant ce que lui avait dit le père Clément; elle se porte bien; elle est en sûreté.

— Mais où est-elle?..... Avec qui se trouve-t-elle?..... Pourquoi n'est-elle pas venue avec vous?..... Croyez-vous que le clan de Quhele n'ait pas, pour servir la fille de l'ancien maître de son Chef, quelques *caillachs* (1) aussi actives que la vieille Dorothée, dont la main a plus d'une fois échauffé mes joues?

(1) Femmes (*caillettes*.) — Éd.

— Je vous remercie encore une fois, et je ne doute ni de votre pouvoir ni de votre bonne volonté pour protéger ma fille ainsi que moi-même. Mais une honorable dame, amie de sir Patrice Charteris, lui a offert un asile sûr, sans qu'elle eût besoin de courir les risques d'un voyage fatigant à travers un pays désolé et déchiré par des dissensions.

— Oh! oui, sir Patrice Charteris, dit Eachin d'un ton plus réservé et plus froid; sans contredit il doit être préféré à tout autre. Il est votre ami, je crois?

Simon Glover mourait d'envie de punir cette affectation d'un jeune homme qu'il avait grondé quatre fois dans un seul jour pour courir dans la rue afin de voir passer sir Patrice Charteris et sa suite; mais il retint la repartie qui était prête à lui échapper, et répondit simplement :

— Sir Patrice Charteris a été prévôt de Perth pendant sept ans, et il est probable qu'il l'est encore, puisqu'on élit les magistrats, non en carême, mais à la Saint-Martin.

— Ah! père Glover, dit Eachin d'un ton plus amical et plus familier, vous êtes si habitué à voir à Perth des spectacles somptueux, que la vue de notre fête barbare a dû être bien peu de chose pour vous en comparaison. Que pensez-vous de notre cérémonie d'hier?

— Elle était noble et touchante; surtout pour moi qui connaissais votre père. Quand vous étiez appuyé sur votre claymore et que vous regardiez autour de vous, il me semblait que je voyais mon ancien ami Gilchrist Mac-Ian, sorti glorieux du tombeau et ayant retrouvé sa vigueur et sa jeunesse.

— J'y ai joué mon rôle avec hardiesse, j'espère, et je

n'ai guère donné lieu de reconnaitre en moi ce misérable jeune apprenti que vous aviez coutume de..... de traiter comme il le méritait.

— Eachin ne ressemble pas plus à Conachar qu'un saumon ne ressemble a un *par* (1), quoiqu'on prétende que c'est le même poisson à un âge différent, ou qu'un papillon ne ressemble à une chenille.

— Croyez-vous que pendant que je me revêtais de l'autorité, qu'aiment tant toutes les femmes, j'aurais été moi-même un objet sur lequel les yeux d'une jeune fille se seraient arrêtés avec plaisir? Pour parler clairement, qu'aurait pensé de moi Catherine dans cette cérémonie?

— Voilà que nous approchons des écueils, pensa Simon Glover, et si je ne suis pas bon pilote, mon navire échouera sur la côte.

— La plupart des femmes aiment ce qui frappe les yeux, Eachin, répondit-il, mais je crois que ma fille Catherine est une exception. Elle se réjouirait de la bonne fortune de son ancien ami, du compagnon de sa jeunesse, mais le magnifique Mac-Ian, chef du clan de Quhele, ne serait pas pour elle plus que l'orphelin Conachar.

— Elle a toujours été généreuse et désintéressée. Mais vous-même, père Simon, vous qui avez vu le monde bien plus long-temps que votre fille, vous pouvez mieux juger de quelle valeur sont le pouvoir et la richesse pour ceux qui en jouissent. Réfléchissez-y, et dites-moi sincèrement ce que vous penseriez si vous voyiez Catherine sous le dais qui me couvrait la tête hier au soir, souveraine de cent montagnes, ayant droit

---

(1) Petit poisson qu'on dit être le frai du saumon. — Tr.

à l'obéissance et au respect de dix mille vassaux, et pour prix de tous ces avantages mettant sa main dans celle de l'homme qui l'aime plus que personne au monde.

— Vous voulez dire dans la vôtre, Conachar?

— Oui, nommez-moi Conachar. J'aime ce nom, parce que c'est celui sous lequel j'ai été connu de Catherine.

— Eh bien, dit le gantier cherchant à donner à sa réponse la tournure la moins offensante possible, je vous dirai donc sincèrement qu'en ce cas je souhaiterais de tout mon cœur que Catherine et moi nous fussions en sûreté dans mon humble boutique de Curfew-Street, sans avoir d'autres vassaux que la vieille Dorothée.

— Et avec le pauvre Conachar aussi, j'espère? Vous ne voudriez pas le laisser languir dans une grandeur solitaire.

— Je ne voudrais pas être assez injuste envers mes anciens amis du clan de Quhele, pour les priver, dans un moment critique, d'un jeune Chef plein de bravoure, ni ravir à ce Chef la gloire dont il doit se couvrir à leur tête dans le combat qui va avoir lieu.

Eachin se mordit les lèvres pour cacher son dépit. — Ce ne sont que des mots, rien que des mots, des mots vides de sens, père Simon, dit-il. Vous craignez le clan de Quhele plus que vous ne l'aimez, et vous supposez qu'il serait transporté d'une indignation redoutable si leur Chef épousait la fille d'un bourgeois de Perth.

— Et quand je craindrais un pareil résultat, Hector Mac-Ian, n'aurais-je pas raison? Comment se sont terminés des mariages mal assortis dans la maison de Mac-Callanmore, dans celle des puissans Mac-Leans, et même dans celle des lords des Iles? Par le divorce, par l'exhérédation, quelquefois même par un destin encore plus funeste pour l'ambitieuse qui s'y était introduite. Vous ne pourriez épouser ma fille devant un prêtre; vous ne pourriez l'épouser que de la main gauche, et je... Il réprima la vivacité avec laquelle il allait se laisser emporter, et ajouta : — Et je suis un honnête quoique humble bourgeois de Perth, qui préférerais voir ma fille l'épouse légitime et reconnue d'un citoyen de mon propre rang, plutôt que la maîtresse en titre d'un monarque.

— J'épouserai Catherine devant un prêtre et devant le monde entier; devant l'autel et devant les pierres noires d'Iona! s'écria l'impétueux jeune homme. Elle est l'amour de ma jeunesse, et il n'y a pas un lien de religion et d'honneur que je ne sois prêt à employer pour m'unir à elle. J'ai pressenti mes vassaux. Si nous remportons la victoire dans ce combat, et, avec l'espoir d'obtenir Catherine, mon cœur me dit que nous la remporterons, je posséderai tellement leur affection, que si mon bon plaisir était de prendre une épouse dans une maison de charité, ils la recevraient avec le même respect que si elle était fille de Mac-Callanmore. Mais vous rejetez ma demande! ajouta Eachin avec aigreur.

— Vous mettez dans ma bouche des paroles offensantes, dit le vieillard, et vous pouvez me punir ensuite comme si je les avais prononcées, puisque je suis entièrement en votre pouvoir. Mais ma fille n'épousera jamais, de mon consentement, qu'un homme de sa condition. Son cœur se briserait au milieu des guerres et des scènes sanglantes auxquelles votre situation vous expose constamment. Si vous l'aimez réellement, et que vous vous souveniez de la terreur que lui inspirent les querelles et les combats, vous ne voudriez pas qu'elle eût à vivre au milieu des horreurs de la guerre, qui doit être votre occupation inévitable et éternelle, comme elle était celle de votre père. Choisissez une épouse parmi les filles des Chefs de vos montagnes, mon fils, ou parmi celles des fiers nobles des basses-terres. Vous êtes jeune, bien fait, riche, noble, puissant, et vous ne ferez pas la cour en vain. Vous trouverez facilement une épouse qui se réjouira de vos victoires, et qui vous consolera dans vos revers. Les unes et les autres seraient également effrayantes pour Catherine. Un guerrier doit porter un gantelet d'acier ; un gant de peau de chevreuil serait mis en pièces en une heure.

Un nuage sombre passa sur le front du jeune Chef, qui un moment auparavant avait été animé d'un feu si vif.

— Adieu donc, dit-il, la seule espérance qui aurait pu me conduire à la renommée ou à la victoire. Il resta quelques instants en silence, plongé dans de profondes réflexions, les yeux baissés, fronçant les sourcils et les bras croisés. Enfin il leva les yeux sur Glover, et lui dit : — Mon père, car vous avez été un père pour moi, je vais vous dire un secret. La raison et l'orgueil me conseillent de me taire, mais le destin m'ordonne de parler, et il faut que je lui obéisse. Je vais vous confier le secret le plus cher qu'un homme ait jamais confié à un homme, mais prenez garde, de quelque manière que se termine cette conférence, prenez bien garde de ne jamais laisser échapper une syllabe de ce que vous allez apprendre ; car sachez que, si vous en parliez dans le coin le plus éloigné de l'Écosse, j'ai des oreilles pour l'entendre, même à cette distance, et une main et un poignard pour atteindre le cœur du traître. Je suis... le mot ne veut pas sortir de ma bouche.

— Ne le prononcez donc pas, dit le prudent gantier; un secret n'est plus en sûreté quand il a passé les lèvres de celui à qui il appartient, et je ne désire nullement recevoir une confidence aussi dangereuse que celle dont vous me menacez.

— Il faut que je le prononce et que vous l'entendiez. Dans ce siècle guerrier, mon père, vous avez sans doute vous même combattu?

— Une fois seulement, et ce fut quand les Anglais attaquèrent la Belle Ville. Je fus sommé de prendre les armes pour la défendre, comme j'y étais obligé, puisque tous les corps de métiers sont tenus de veiller à la sûreté de la ville et de la protéger.

— Et qu'éprouvâtes-vous en cette occasion?

— Quel rapport a cette question à ce qui nous occupe? demanda Simon avec quelque surprise.

— Un rapport très-direct, sans quoi je ne l'aurais pas faite, répondit Eachin avec le ton de hauteur qu'il prenait de temps en temps.

— Il est facile de décider un vieillard à parler des anciens temps, dit Simon, qui, après un moment de réflexion, ne fut pas fâché de laisser arriver la conversation sur un autre sujet que sa fille. J'avouerai donc que le sentiment que j'éprouvai alors n'avait rien de cette confiance, de cette ardeur, de ce plaisir même dont j'ai vu d'autres hommes animés en marchant au combat. J'avais embrassé une profession paisible et mené une vie tranquille, et quoique le courage ne m'ait pas manqué quand l'occasion l'exigeait, j'ai rarement plus mal dormi que la nuit qui précéda cette affaire. J'avais l'esprit tourmenté par tout ce que j'ai entendu dire des archers saxons, ce qui n'était que la pure vérité, qu'ils décochaient des flèches d'une aune de longeur, et qu'ils se servaient d'arcs d'un tiers plus longs que les nôtres. Quand je m'endormais un instant, si une paille de mon matelas me piquait le côté, je m'éveillais en tressaillant, croyant sentir une flèche anglaise qui m'entrait dans le corps. Vers le matin, comme je commençais à goûter un peu de repos, par excès de fatigue, je fus éveillé par la cloche de la ville, qui appelait les bourgeois sur les murailles. Jamais, ni auparavant, ni depuis ce temps, aucun bruit ne m'a paru aussi semblable à celui de la cloche qu'on sonne pour annoncer un enterrement.

— Continuez. Qu'arriva-t-il ensuite?

— Je mis mon armure, une armure telle quelle, et je reçus la bénédiction de ma mère, femme d'un grand courage, qui me parla des exploits qu'avait faits mon père pour l'honneur de la Belle Ville. Ses discours m'encouragèrent, et je me sentis encore plus hardi quand je me trouvai au milieu des autres artisans, tous armés de leurs arcs; car vous savez que les citoyens de Perth sont habiles dans le maniement de cette arme. On nous distribua à divers postes sur les murailles. Des chevaliers et des écuyers, revêtus d'armures à l'épreuve, étaient mêlés avec nous, et faisaient bonne contenance, comptant peut-être sur la bonté de leurs cuirasses. Pour nous encourager, ils nous informèrent qu'ils tailleraient en pièces à coups d'épée et de hache quiconque de nous essaierait seulement de quitter son poste. Le vieux Kempe de Kinfauns, alors notre prévôt, et père de sir Patrice, eut la bonté de me donner cet avis à moi-même. C'était le petit-fils du Corsaire Rouge, Thomas de Longueville; il était homme à tenir sa parole, et il s'adressait à moi, peut-être parce qu'une nuit passée presque sans dormir me faisait paraître plus pâle que de coutume et que d'ailleurs j'étais encore bien jeune.

— Et cette exhortation ajouta-t-elle à vos craintes ou à votre résolution? demanda Eachin qui semblait l'écouter avec beaucoup d'attention.

— Elle ajouta à ma résolution, car je ne connais rien qui puisse rendre un homme plus hardi à braver le danger qu'il a devant lui, que de savoir qu'il en a sur ses talons un autre prêt à le pousser en avant. Eh bien, je montai sur les murailles avec un courage..... passable, et je fus placé avec d'autres sur la tour de Spey, étant regardé comme un bon tireur d'arc. Mais un frisson me saisit quand je vis les Anglais s'avancer en bon ordre pour nous attaquer, leurs archers en avant, et leurs hommes d'armes ensuite, en trois fortes colonnes. Ils marchaient d'un pas ferme, et quelques-uns de nous auraient voulu tirer sur eux; mais on nous le défendit strictement, et nous fûmes obligés de rester immobiles, nous tenant à l'abri derrière le parapet, autant que nous le pouvions. Lorsque les Anglais formèrent leurs lignes, chacun d'eux se trouvant, comme par magie, à la place qu'il devait occuper, et se préparant à se couvrir de grands boucliers, appelés pavois, qu'ils plantaient devant eux, j'éprouvai encore une étrange difficulté de respirer, et j'aurais voulu retourner à la maison pour boire un verre d'eau distillée (1). Mais en jetant un regard derrière moi, je vis le digne Kempe de Kinfauns tenant en main une grande arbalète bandée, et je crus que ce serait dommage qu'il perdît un trait contre un bon Écossais, tandis qu'il était en présence d'un si grand nombre d'Anglais. Je restai donc où j'étais, dans un angle assez favorable, formé par deux parapets. Les Anglais avancèrent et levèrent leurs arcs, non au niveau de leur poitrine, comme le font vos montagnards, mais à l'oreille, et nous envoyèrent une volée de leurs queues d'hirondelles avant que nous eussions le temps de crier saint André. Je fermai les yeux quand je les vis bander leurs arcs, et je crois que je tressaillis quand j'entendis leurs premiers traits frapper contre le parapet. Mais ayant regardé autour de moi, et ne voyant de blessé que John Squallit, le crieur de la ville, à qui une flèche avait traversé la mâchoire, je repris courage, et je tirai à mon tour, de grand cœur, et en ayant soin de bien viser. Un petit homme que j'avais ajusté, pendant qu'il se montrait un instant de derrière son grand bouclier, tomba, l'épaule percée, et le prévôt s'écria : — Bien cousu, Simon le gantier ! — Que saint Jean protège sa bonne ville, mes braves compagnons ! criai-je à mon tour, quoique je ne fusse encore qu'apprenti ; mais c'était pour l'honneur de la corporation. Et si vous voulez m'en croire, pendant tout le reste de l'escarmouche, qui se termina par la retraite de l'ennemi, je bandai mon arc et je décochai mes flèches avec le même calme que si j'avais tiré au blanc et non contre des

---

(1) Nom qu'on donne à l'eau-de-vie et autres liqueurs spiritueuses. — T<small>R</small>.

hommes. Je gagnai quelque réputation, et j'ai toujours pensé depuis ce temps, qu'en cas de nécessité, — car ce n'aurait jamais été par goût et par choix, — je ne l'aurais pas perdue. Mais ce fut la seule fois que je portai les armes dans ce qu'on peut appeler une bataille. J'ai couru d'autres dangers; j'ai tâché de les éviter en homme sage, mais quand ils étaient inévitables, j'y ai fait face en homme brave. Ce n'est qu'ainsi qu'on peut vivre et lever la tête en Écosse.

— Je comprends ce que vous me dites, mais vous trouverez plus difficile de croire ce que j'ai à vous dire, sachant de quelle race je suis descendu, et ayant connu celui que nous avons mis dans la tombe il n'y a pas vingt-quatre heures. — Il est heureux qu'il soit dans un lieu où il n'apprendra jamais ce que vous allez entendre. Regardez, mon père, la lumière que je porte se consume et commence à pâlir; mais avant qu'elle expire le mot honteux sera prononcé.... Mon père, je suis — UN LACHE! Le mot est prononcé enfin, et le secret de mon ignominie est confié à un autre.

L'angoisse du jeune homme était telle en faisant ce fatal aveu, qu'il se laissa tomber presque sans connaissance. Glover, saisi de crainte aussi-bien que de compassion, mit tous ses soins à le rappeler à la vie, et y réussit, mais sans pouvoir lui rendre le calme. Eachin se couvrit le visage des deux mains, et versa un torrent de larmes amères.

— Pour l'amour de Notre-Dame, dit le vieillard, calmez-vous, et révoquez ce vilain mot. Je vous connais mieux que vous ne vous connaissez vous-même. Vous n'êtes pas un lâche; seulement, vous êtes trop jeune, vous avez trop peu d'expérience et l'imagination

trop vive pour avoir la valeur ferme d'une grise barbe.
Je n'entendrais pas un autre parler de vous ainsi,
Conachar, sans lui donner un démenti. Je le répète,
vous n'êtes pas un lâche. J'ai vu jaillir de vous de vives
étincelles de courage, et souvent même pour des causes
bien légères.

— De vives étincelles d'orgueil et de colère, repliqua le malheureux jeune homme, mais quand les avez-vous vu soutenues par la résolution qui aurait dû les accompagner? Les étincelles dont vous parlez tombaient sur mon cœur lâche comme sur un glaçon que rien ne peut échauffer. Si mon orgueil offensé me portait à frapper, ma lâcheté un instant après me forçait à fuir.

— Manque d'habitude, dit Simon. C'est en escaladant des murailles que les enfans apprennent à gravir les rochers. Commencez par de légers combats, exercez-vous tous les jours au maniement des armes, en joutant contre vos amis.

— En ai-je loisir? s'écria le jeune Chef en tressaillant comme si quelque idée horrible se fût présentée à son imagination. Combien de jours reste-t-il à s'écouler entre celui-ci et le dimanche des Rameaux? Et que doit-il arriver alors? Une lice fermée, d'où l'on ne peut pas plus sortir que le pauvre ours enchaîné au poteau. Soixante hommes, les plus braves, les plus déterminés, un seul excepté, qui puissent descendre de toutes nos montagnes, tous altérés du sang les uns des autres.... Un roi, ses nobles, et des milliers de curieux, présens, comme à un spectacle, pour encourager leur fureur infernale... Les combattans se précipitent les uns sur les autres comme des êtres privés de raison; l'acier retentit, le sang coule; ils se déchirent comme des bêtes sauvages; les blessés sont foulés aux pieds par leurs compagnons; le sang ruisselle, les bras s'affaiblissent, mais il ne peut y avoir ni pourparler, ni trêve, ni suspension d'armes, tant que la vie reste à deux combattans ennemis. Il ne s'agit pas de se cacher derrière des parapets, de lancer des flèches au loin; il faut combattre corps à corps, bras contre bras, jusqu'à ce que la main ne puisse plus se soulever pour maintenir cet affreux combat. Si la peinture seule en est si horrible, que croyez-vous que sera la réalité?

Le gantier garda le silence.

— Je vous demande encore une fois, qu'en pensez-vous?

— Je ne puis qu'avoir compassion de vous, Conachar. Il est dur de descendre d'une si brave lignée, d'être fils d'un si noble père, de se trouver, par droit de naissance, chef d'un peuple si belliqueux, et de manquer ou de croire que vous manquiez, car je pense encore que la faute en est dans une imagination trop vive qui s'exagère le danger, que vous manquiez, dis-je, de cette qualité qui est le partage de tout coq qui mérite une poignée de grain, de tout chien qui est digne d'une curée. Mais comment se fait-il qu'avec cette persuasion que vous êtes hors d'état de livrer ce combat, vous m'ayez proposé à l'instant même de partager votre rang avec Catherine? Votre pouvoir dépend entièrement de ce combat, et ce n'est pas ma fille qui peut vous aider à remporter la victoire.

— Vous vous trompez, vieillard. Si Catherine voulait répondre à l'amour ardent que j'ai conçu pour elle, cette certitude me conduirait en face des ennemis avec toute l'ardeur d'un cheval de bataille. Quelque accablant que soit le sentiment intime de ma faiblesse, l'intérêt que Catherine prendrait à moi m'armerait de force. Promettez-moi, oh! promettez-moi qu'elle sera à moi si nous remportons la victoire, et Gow lui-même, Gow dont le cœur est du même métal que son enclume, ne se sera jamais battu avec tant de courage. Une passion est vaincue par une passion plus forte.

— C'est de la folie, Conachar. Le souvenir de votre intérêt, de votre honneur, de votre naissance, ne peut-il vous donner autant de courage que la pensée d'une jeune fille ! Fi donc, fi !

— Vous ne me dites que ce que je me suis déjà dit moi-même, répondit Eachin en soupirant, mais tout cela est inutile. Ce n'est que lorsque le cerf timide est accouplé avec sa biche qu'il devient désespéré et dangereux. Est-ce l'effet de ma constitution, ou, comme le diront nos Cailliachs des montagnes, celui du lait de la biche blanche ? est-ce la suite de mon éducation paisible, et de la contrainte dans laquelle vous m'avez tenu ? ou, comme vous le pensez, celle d'une imagination qui se peint le danger comme encore plus terrible qu'il ne l'est en réalité ? c'est ce que je ne saurais dire : mais je connais ma faiblesse, et.... oui, il faut le dire, elle est telle que je ne saurais la vaincre, et si vous pouviez consentir à mes désirs, à une condition, ... je n'hésiterais pas un instant : je renoncerais au rang auquel je suis élevé, et je me dévouerais à la vie la plus humble.

— Quoi! vous vous feriez gantier enfin, Conachar? Voilà qui est plus fort que la légende de saint Crépin. Non, non, vous n'avez pas la main faite pour ce métier ; vous ne me gâterez plus de peaux de daims.

— Ne plaisantez pas, mon père; je parle très-sérieusement. Si je ne puis me livrer au travail, j'apporterai assez de richesses pour vivre sans cela. Ils me proclameront apostat au son des cors et des cornemuses; j'y consens : Catherine ne m'en aimera que mieux pour avoir préféré le sentier de la paix au chemin ensanglanté. Le père Clément nous apprendra à avoir pitié du monde, et à lui pardonner quand il nous chargera de reproches qui ne nous feront aucune blessure. Je serai le plus heureux des hommes ; Catherine jouira de tout ce que pourra lui procurer une affection sans bornes, et elle n'aura pas à craindre les spectacles d'horreur et les sons effrayans que lui aurait préparés le mariage mal assorti que vous projetiez. Et vous, père Glover, tranquillement assis au coin de votre cheminée, vous serez le mortel le plus satisfait et le plus respectable qu'ait jamais...

— Arrêtez, Eachin, arrêtez, je vous prie; la branche de sapin qui vous éclaire, et avec laquelle ce discours doit se terminer, tire à sa fin, et je voudrais dire un mot à mon tour, car la franchise est ce qu'il y a de mieux en affaire. Quelque chagrin, quelque désespoir que vous puissiez éprouver, je dois mettre un terme à ces visions en vous disant tout d'un coup que Catherine ne peut jamais être à vous. Un gant est un emblème de bonne foi, et par conséquent un homme de ma profession doit moins qu'aucun autre manquer à sa parole. La main de Catherine est promise, promise à un homme que vous pouvez haïr, mais que vous devez estimer : à Henry l'armurier. Ce mariage est sortable; il est conforme à leurs désirs mutuels, et j'ai donné ma parole. Il vaut mieux être franc avec vous : soyez mécontent si bon vous semble ; je suis entièrement en votre pouvoir, mais rien au monde ne me fera manquer à ma promesse.

Glover ne parlait d'un ton si décidé que parce qu'il savait par expérience que le caractère irritable de son ci-devant apprenti cédait en bien des cas à une résolution ferme et prononcée. Cependant, se rappelant où il était, ce ne fut pas sans quelque mouvement de crainte qu'il vit la flamme mourante s'élancer en l'air, et répandre comme un éclair momentané sur le visage d'Eachin, qui était pâle comme la mort, tandis que ses yeux roulaient comme ceux d'un homme agité par le délire de la fièvre. La lumière retomba sur-le-champ et s'éteignit ; Simon craignit un instant d'avoir à disputer sa vie contre un jeune homme qu'il savait être capable de se porter à des voies de fait dans ses accès de colère, quelque court que fût son emportement. Il fut délivré de cette inquiétude en entendant Eachin lui dire d'une voix rauque et altérée :

— Que ce dont nous avons parlé cette nuit reste couvert du silence ! Si tu le mets au jour, tu ferais mieux de creuser ton tombeau !

A ces mots, la porte de la hutte s'ouvrit, et y laissa entrer un rayon de la lune. Simon vit le jeune Chef qui en sortait, et la porte se refermant, il se trouva de nouveau dans l'obscurité.

Le vieux Glover se sentit soulagé d'un grand poids en voyant se terminer d'une manière si paisible une conversation dangereuse dans laquelle il craignait d'avoir offensé Eachin. Il fut pourtant vivement affligé de la situation où se trouvait un jeune homme qu'il avait élevé lui-même.

— Ce pauvre enfant! pensa-t-il, se voir assis à un poste si éminent, pour en être précipité avec mépris! Je savais en partie ce qu'il m'a dit, car j'avais souvent remarqué que Conachar était plus disposé à se quereller qu'à se battre. Mais, sans être sir William Wallace, je ne puis concevoir cette poltronnerie excessive que ni la honte ni la nécessité ne peuvent surmonter. Et se proposer pour mari de ma fille, comme si une femme devait avoir une provision de courage pour elle et son mari! Non, non; Catherine doit épouser un homme à qui elle puisse dire: — Mon mari, épargnez votre ennemi; et non un homme en faveur duquel elle doive s'écrier: — Généreux ennemi, épargnez mon mari!

Fatigué par ces réflexions, le vieillard se rendormit enfin. Il fut éveillé le matin par son ami Booshalloch, qui, d'un air un peu déconcerté, lui proposa de revenir avec lui dans sa chaumière sur la prairie, près du Ballough, c'est-à-dire de l'endroit où le Tay sort du lac. Il lui dit que le Chef ne pouvait le voir ce matin, et chercha à l'excuser en ajoutant qu'il était tout occupé des préparatifs du combat; qu'Eachin Mac-Ian pensait que Simon Glover ne pouvait être nulle part plus en sûreté que dans la chaumière de Niel, où l'air serait favorable à sa santé, et qu'il avait donné ordre qu'on pourvût à tous ses besoins.

Niel Booshalloch s'étendit sur toutes ces circonstances, pour pallier l'espèce de manque d'égards que montrait le Chef en congédiant son hôte sans lui donner une audience particulière.

— Son père aurait su mieux agir, continua le gardien des troupeaux; mais où aurait-il pu apprendre de bonnes manières, ce pauvre jeune homme, élevé parmi vous autres bourgeois de Perth, qui, à l'exception de vous, ami Glover, qui parlez notre langue aussi bien que moi-même, sont une race qui ne connaît rien à la civilité.

Simon Glover, comme on peut bien le croire, ne fut pas très-fâché du manque d'égards dont son ami était mécontent. Au contraire, il aurait préféré la demeure tranquille du bon bouvier à l'hospitalité bruyante du jeune Chef, quand même il n'aurait pas eu tout récemment avec Eachin une conversation sur un sujet pénible, qu'il ne se souciait pas d'aborder une seconde fois.

Il se retira donc tranquillement à Ballough, où il aurait passé le temps assez agréablement, s'il avait pu être certain que Catherine était en sûreté. Il faisait des excursions sur le lac, dans un petit esquif qu'un jeune montagnard conduisait, tandis qu'il s'amusait à pêcher à la ligne. Il débarquait souvent sur la petite île, rendait une visite à la tombe de son ancien ami Gilchrist Mac-Ian, et il gagna l'amitié des moines en présentant au prieur une paire de gants de martre, et à chacun des dignitaires du couvent une paire de peaux de chat sauvage. Il coupait et cousait pendant les soirées les peaux dont il faisait ces petits présens, et c'était un amusement qui lui faisait paraître le temps plus court, tandis que la famille de Niel se groupait autour de lui pour admirer son adresse et pour écouter les histoires et les ballades par lesquelles le vieillard avait le talent d'égayer la soirée.

On doit avouer que le gantier circonspect évitait toute conversation avec le père Clément, qu'il regardait mal à propos comme l'auteur de ses infortunes, plutôt que comme un être innocent qui les partageait. — Pour plaire à ses fantaisies, pensait-il, je ne risquerai pas de perdre l'amitié de ces bons moines, qui peuvent m'être un jour si utiles. Je crois que ses sermons m'ont déjà fait bien assez de mal : ils ne m'ont pas rendu plus savant, et ils m'ont fait devenir plus pauvre. Non, non, Catherine et lui peuvent penser comme bon leur semblera, mais je saisirai la première occasion de retourner à Perth, comme un chien que son maître rappelle; je me soumettrai, tant qu'on le voudra, à la haire et au cilice; je paierai une bonne amende, et l'Église me recevra dans son giron.

Il s'était passé plus de quinze jours depuis que Glover était arrivé à Ballough, et il commençait à être surpris de n'avoir reçu aucunes nouvelles de sa fille, ni de Henry Smith, à qui il pensait que le prévôt avait appris son plan de retraite, et l'endroit où il devait se rendre. Il savait que le brave Gow ne pouvait entrer sur le territoire du clan de Quhele, attendu diverses querelles qu'il avait eues avec ces montagnards, et notamment avec Eachin tandis qu'il portait le nom de Conachar; mais il lui semblait que Henry aurait pu lui envoyer quelque message, et lui donner quelque signe de souvenir, par le moyen des courriers qui passaient et repassaient sans cesse entre la cour et le clan de Quhele pour régler les conditions du combat, la marche des combattans à Perth, et tous les autres détails qui devaient être concertés d'avance. On était alors à la mi-mars, et le fatal dimanche des Rameaux arrivait rapidement.

Cependant le gantier exilé n'avait pas revu une

seule fois son ancien apprenti. Le soin qu'on prenait de fournir à ses besoins sous tous les rapports prouvait qu'il n'était pas oublié; mais toutes les fois qu'il entendait le son du cor du Chef retentir dans les bois, il avait soin de diriger sa promenade du côté opposé. Un matin pourtant il se trouva dans le voisinage immédiat d'Eachin, presque sans avoir le temps de l'éviter; et voici comment.

Il se promenait, livré à ses réflexions, dans une petite clairière entourée de grands arbres mêlés de broussailles, lorsqu'une biche blanche sortit du bois, poursuivie par deux chiens de chasse, dont l'un la saisit à la hanche et l'autre à la gorge. Ils la renversèrent à deux cents pas environ du gantier, que cet incident imprévu fit tressaillir. Au même instant le son perçant d'un cor et l'aboiement d'un limier lui apprirent que les chasseurs qui poursuivaient la biche n'étaient pas loin, et il entendit leurs cris et le bruit de leur marche dans la forêt. Un instant de réflexion aurait convaincu Simon que ce qu'il avait de mieux à faire était de rester où il était, ou de se retirer à pas lents, afin de laisser au jeune Chef la liberté de lui parler ou de continuer son chemin, comme il le jugerait à propos. Mais le désir d'éviter la présence d'Eachin était devenu en lui une sorte d'instinct, et alarmé de le savoir si près, il se jeta dans un buisson de coudriers et de houx, où il se trouva complètement caché. A peine y était-il, qu'Eachin, les joues couvertes des couleurs que donne l'exercice, sortit du bois et entra dans la clairière, accompagné de Torquil du Chêne, son père de lait. Celui-ci, avec autant de vigueur que d'adresse, fit tourner sur le dos la biche qui luttait encore contre les chiens, lui appuya un genou sur la poitrine, et saisissant de la main droite ses pieds de devant, il présenta de la gauche son couteau de chasse au jeune Chef pour qu'il lui coupât la gorge.

— Non, Torquil, dit Eachin, chargez-vous-en vousmême. Je n'ai pas le courage de tuer une biche si semblable à celle qui m'a nourri.

Il prononça ces mots avec un sourire mélancolique, et une larme se fraya un passage entre ses paupières. Torquil regarda un instant son jeune Chef avec un air de surprise, et levant ensuite son couteau de chasse, il coupa le cou de la biche avec tant d'assurance et de dextérité, que la lame pénétra jusqu'à l'os. Se relevant alors, il dit en fixant un regard perçant sur Eachin :

— Ce que je viens de faire à cet animal, je le ferais à tout homme qui aurait entendu mon fils de lait prononcer seulement le nom de biche blanche, et l'accoupler à celui d'Hector.

Si Glover n'avait pas eu auparavant de motif suffisant pour se cacher, ce discours de Torquil lui en fournissait un excellent pour ne pas se montrer.

— Je ne puis le dissimuler, mon père Torquil, dit Eachin, cela paraîtra au grand jour.

— Qu'est-ce que vous ne pouvez dissimuler ? Qu'est-ce qui paraîtra au grand jour ? demanda Torquil étonné.

— C'est le fatal secret, pensa Simon ; et maintenant si ce colosse de conseiller privé n'est pas en état de garder le silence, je suppose que je deviendrai responsable de la publicité donnée à la honte d'Eachin.

Saisi de cette nouvelle inquiétude, il profita en même temps de sa position pour voir, autant qu'il le pouvait, ce qui se passait entre le Chef affligé et son confident, poussé par cet esprit de curiosité qui s'éveille en nous dans les occasions les plus importantes comme les plus triviales de la vie, et que la crainte d'un grand danger personnel ne peut même toujours réprimer.

Tandis que Torquil écoutait ce que le jeune Chef lui disait, celui-ci se laissa tomber dans ses bras, et, s'appuyant sur son épaule, termina son aveu par quelques mots qu'il prononça très-bas. Torquil semblait l'écouter avec un étonnement qui le rendait incapable d'en croire ses oreilles. Comme pour être bien certain que c'était Eachin qui lui parlait ainsi, il releva le jeune homme de sa posture inclinée, le redressa en le saisissant par une épaule, et fixa sur lui des yeux qui semblaient agrandis et presque pétrifiés par les merveilles qu'il écoutait. Le visage du vieillard changea tellement, et prit un air si sauvage quand il eut entendu les mots que le jeune Chef avait prononcés à voix basse, que Simon craignit qu'il ne le repoussât loin de lui comme un être déshonoré, auquel cas Eachin aurait fort bien pu tomber dans le buisson où le gantier était caché, ce qui aurait pu amener sa découverte d'une manière également pénible et dangereuse. Mais les passions de Torquil, qui éprouvait pour son fils nourricier l'enthousiasme qui caractérise toujours cette sorte de relation parmi les montagnards, prirent tout un autre cours.

—Je n'en crois rien! s'écria-t-il; c'est une fausseté! Cela ne peut être vrai du fils de ton père... du fils de ta mère... encore moins de mon fils nourricier...! J'offre le gage du combat, en face du ciel et de la terre, à quiconque soutiendra que c'est la vérité. Un mauvais œil a jeté un sort sur toi, mon cher enfant, et la faiblesse que tu appelles lâcheté est l'ouvrage de la magie. Je me souviens de la chauve-souris qui éteignit la torche à l'instant de ta naissance... jour de joie et de douleur. Mais console-toi, mon cher Eachin, nous irons ensemble à Iona, et le bon saint Colomba (1), aidé de tous les bienheureux saints et des anges qui ont toujours favorisé ta race, retirera de ton sein le cœur de la biche blanche et te rendra celui qu'on t'a dérobé.

Eachin l'écoutait d'un air qui aurait fait croire qu'il aurait voulu pouvoir ajouter foi aux paroles de celui qui cherchait à le consoler.

— Mais, Torquil, dit-il, en supposant que cela puisse nous servir, le jour fatal est bien voisin; et si j'entre dans la lice, je crains de vous couvrir de honte.

— Il n'en sera rien... cela est impossible! s'écria Torquil. L'enfer ne prévaudra pas à ce point!... Nous tremperons ta claymore dans de l'eau bénite; nous placerons sur ton cimier de la verveine, du millepertuis et du sorbier; nous t'entourerons, moi et tes huit frères... tu seras en sûreté comme dans un château-fort.

Le jeune Chef murmura encore quelques mots d'un ton si accablé, que Simon ne put les entendre; mais la réponse de Torquil, prononcée d'une voix forte, arriva distinctement à son oreille.

— Oui, il peut y avoir un moyen de te dispenser du

(1) Le culte religieux de saint Colomba ou Colomban a survécu, dans les Hébrides, au catholicisme lui-même. Voyez sur ce saint apôtre d'Iona le roman bizarre intitulé *le Célibat de Saint-Oran*, publié chez Charles Gosselin. — Éd.

combat. Tu es le plus jeune des champions de notre clan... Écoute-moi, tu vas voir ce que c'est que l'amour d'un père nourricier, et combien il l'emporte sur tout autre sentiment... Le plus jeune de ceux qui doivent combattre pour le clan de Chattan, est Ferquhard Day. Son père a tué le mien, et le sang fume encore entre nous. Je regardais le dimanche des Rameaux comme le jour qui devait en effacer les traces... Mais, fais bien attention!... Tu aurais cru que le sang de ce Ferquhard Day ne se serait pas mêlé avec le mien, si on avait versé l'un et l'autre dans le même vase, et cependant il a jeté ses yeux épris sur ma fille unique, sur Eva, la plus belle de nos filles. Imagine-toi ce que j'éprouvai en apprenant cette nouvelle. Ce fut comme si un loup des forêts du Ferragon m'avait dit : Donne-moi ta fille en mariage, Torquil. Eva ne pense pas de même; elle aime Ferquhard, elle passe les jours à pleurer, et la crainte du combat qui va avoir lieu lui fait perdre ses forces et ses couleurs : qu'elle lui dise un mot favorable, et je sais parfaitement qu'il renoncera à ses parens, à son clan et au champ de bataille, et qu'il s'enfuira avec elle dans le désert.

— Et le plus jeune des champions du clan de Chattan s'absentant du combat, je puis, comme étant le plus jeune de ceux du clan de Quhele, être dispensé d'y prendre part, dit Eachin en rougissant du moyen honteux de sûreté qui lui était offert.

— Vois, mon Chef, dit Torquil, et juge de mes sentimens pour toi... D'autres peuvent t'immoler leur vie et celle de leurs enfans : moi, je te sacrifie l'honneur de ma famille.

— Mon ami! mon père! s'écria Eachin en serrant

Torquil entre ses bras, quel vil misérable je dois être, puisque j'ai l'ame assez lâche pour accepter un tel sacrifice !

— N'en parlons pas! dit Torquil; les bois ont des oreilles... Retournons au camp, et nous enverrons chercher cette venaison... En arrière! Ici! s'écria-t-il en s'adressant à ses chiens.

Heureusement pour Simon, le limier s'était frotté le nez dans le sang de la biche, sans quoi il aurait pu découvrir la retraite du gantier dans le buisson. Mais ayant perdu ainsi une partie de la finesse de son odorat, il suivit tranquillement les deux chasseurs avec les autres chiens.

Quand le gantier ne put ni les voir ni les entendre, il se releva fort satisfait de leur départ, et il se mit en marche dans une direction opposée, aussi vite que son âge le lui permettait. Sa première réflexion eut pour objet la fidélité du père nourricier.

— Le cœur de ces montagnards sauvages est fidèle et loyal, pensa-t-il. Cet homme ressemble plus aux géans des romans qu'à un être pétri de la même argile que nous ; et cependant des chrétiens pourraient recevoir de lui une leçon de fidélité. Son expédient annonce pourtant bien de la simplicité : faire disparaître un homme du rôle des ennemis! comme s'il ne se trouverait pas une vingtaine de ces chats sauvages disposés à prendre sa place.

C'était ainsi que raisonnait notre gantier; mais il ne savait pas qu'on avait publié les proclamations les plus strictes, pour défendre à tout individu des deux clans ennemis, à leurs parens, à leurs alliés, à leurs serviteurs, d'approcher de quinze milles de Perth, pendant les huit jours qui précéderaient et qui suivraient le combat, et qu'un corps de troupes devait veiller à l'exécution de cet ordre.

En arrivant chez Booshalloch, notre ami Simon trouva d'autres nouvelles qui l'y attendaient. Elles étaient apportées par le père Clément, qui vint en manteau de pèlerin ou dalmatique, prêt à retourner vers le sud et désirant faire ses adieux à son compagnon d'exil, ou le prendre pour compagnon de voyage.

—Mais, demanda Glover, quel motif vous détermine si soudainement à retourner dans un lieu où vous serez en péril?

— N'avez-vous pas appris, répondit le père Clément, que le comte de March et les Anglais ses alliés ayant fait retraite en Angleterre devant Douglas, ce bon comte s'est occupé à remédier aux maux de l'état, et a écrit à la cour, pour demander qu'on révoquât l'ordre donné à la Haute Cour de Commission d'informer contre l'hérésie, comme n'étant propre qu'à troubler les consciences; qu'on soumît au parlement la nomination de Robert de Wardlaw à l'évêché de Saint-André, et qu'on prît quelques autres mesures agréables aux communes. La plupart des nobles qui sont avec le roi à Perth, et entre autres sir Patris Charteris, votre digne prevôt, ont appuyé les demandes de Douglas, et le duc d'Albany, soit de bonne volonté, soit par politique, ce que j'ignore, y a consenti. Il est facile de porter notre bon roi à des mesures de douceur et d'indulgence; et ainsi les dents de nos oppresseurs sont limées, et leur proie est arrachée à leurs griffes déchirantes... M'accompagnerez-vous dans les basses-terres, ou passerez-vous encore quelque temps ici?

Niel Booshalloch épargna à son ami l'embarras de répondre.

— Il était, dit-il, autorisé par le Chef à dire que Simon Glover resterait à Ballough jusqu'à ce que les champions partissent pour le combat.

Le gantier ne trouva pas cette réponse tout-à-fait d'accord avec une liberté parfaite; mais il s'en inquiéta peu en ce moment, parce qu'il y trouvait une bonne excuse pour ne point partir avec le moine.

— C'est un homme exemplaire, dit-il à son ami dès que le père Clément fut parti; un grand savant et un grand saint. C'est presque dommage qu'il ne soit plus en danger d'être brûlé, car son sermon au poteau ferait des conversions par milliers. O Niel Booshalloch! le bûcher du père Clément serait un sacrifice de bonne odeur, et un holocauste pour tous les dévots chrétiens. Mais à quoi servirait de brûler un pauvre ignorant bourgeois comme moi? On n'offre pas de vieux gants de peau pour de l'encens, à ce que je crois, et ce n'est pas avec des cuirs écrus qu'on nourrit le feu d'un holocauste. Pour dire la vérité, j'ai trop peu de savoir, et je crains trop la brûlure pour qu'une pareille affaire me fasse honneur; et par conséquent il ne m'en reviendrait, comme nous le disons, que la peur et le mal.

— Et c'est la vérité, répondit Booshalloch.

CHAPITRE XXX.

Il faut que nous retournions vers les personnages de notre histoire que nous avons laissés à Perth quand nous avons accompagné le gantier et sa jolie fille à Kinfauns et que nous avons quitté ce château hospitalier pour suivre Simon jusqu'au lac Tay. Le prince d'Écosse étant celui dont le rang est le plus élevé, réclame d'abord notre attention.

Ce jeune homme indiscret et inconsidéré ne souffrait pas sans quelque impatience sa résidence solitaire chez le lord grand-connétable, dont la compagnie, quoique satisfaisante sous tous les rapports, lui déplaisait, uniquement parce qu'il le regardait en quelque sorte comme son geôlier. Courroucé contre son oncle et mécontent de son père, il désirait assez naturellement la société de sir John Ramorny, à qui il s'était habitué depuis long-temps à laisser le soin de lui procurer des amusemens, et même, quoiqu'il eût regardé cette imputation comme une insulte, de le diriger et de le conduire. Il lui écrivit donc de venir le trouver, si sa santé le lui permettait, et de se rendre par eau dans un petit pavillon du jardin du grand-connétable, qui, comme celui de sir John, s'étendait jusque sur les bords du Tay. En renouvelant une intimité si dangereuse, le duc de Rothsay se souvint seulement qu'il avait été l'ami généreux de sir Ramorny, tandis que, de son côté, sir John, en recevant cette invitation, ne se rappela que les insultes que lui avaient fait essuyer les caprices de son protecteur, la perte de sa main, le ton léger dont le prince en avait parlé, et la promptitude avec laquelle il avait abandonné sa cause dans l'affaire du meurtre du bonnetier. Il sourit amèrement en recevant le billet du prince.

— Eviot, dit-il; qu'on me prépare une bonne barque avec six hommes sûrs. Fais bien attention, des hommes sûrs. Ne perds pas un instant, et envoie-moi Dwining sur-le-champ. — Le ciel me sourit, mon digne ami, dit-il à son chirurgien; je me battais les flancs pour trouver un moyen d'approcher de cet enfant qui ne sait ce qu'il veut, et voilà qu'il m'invite à aller le voir.

— Heim! je vois la chose très-clairement, répondit Dwining; le ciel sourit à certaines conséquences fatales qui en résulteront. Hé! hé! hé!

— N'importe, le piège est prêt, mon cher ami, et il s'y trouve un appât qui le ferait sortir d'un sanctuaire, quand il y aurait dans le cimetière une troupe d'hommes armés à l'attendre. Cela n'est pourtant guère nécessaire; l'ennui qu'il éprouve de lui-même aurait suffi pour le décider. Prépare tout ce qu'il te faut, car tu viens avec nous. Écris-lui, puisque écrire m'est devenu impossible, que je vais me rendre à ses ordres à l'instant même. Écris-moi cela comme un clerc. Il sait lire, et c'est à moi qu'il en est redevable.

— Il devra d'autres connaissances à votre vaillance avant de mourir ; hé ! hé ! hé ! Mais votre marché avec le duc d'Albany est-il bien sûr ?

— Assez pour satisfaire mon ambition, ta cupidité et notre vengeance à tous deux. A bord ! à bord ! Eviot, jette dans la barque quelques flacons du meilleur vin et quelques viandes froides.

— Mais votre bras, sir John, ne vous fait-il pas souffrir ?

— Les palpitations de mon cœur me font oublier les élancemens de ma blessure : il bat contre ma poitrine comme s'il voulait s'en échapper.

— A Dieu ne plaise ! dit Dwining. Ce serait un étrange spectacle, si cela arrivait, pensa-t-il en lui-même ; je serais charmé de le disséquer, mais je craindrais que l'enveloppe de pierre qui l'entoure n'ébrêchât mes meilleurs instrumens.

Au bout de quelques minutes ils étaient dans la barque, tandis qu'un messager se hâtait de porter la réponse au prince.

Rothsay était assis avec le connétable après avoir dîné. Il était sombre et silencieux, et le comte venait de lui demander si son bon plaisir était qu'on desservît, quand un billet qu'on remit au prince changea tout à coup sa physionomie.

— Comme il vous plaira, lui répondit-il, car je vais me rendre dans le pavillon du jardin, toujours avec votre permission, milord connétable, pour recevoir la visite de mon ci-devant grand-écuyer.

— Milord, dit le comte d'Errol.

— Oui, milord : faut-il que je vous en demande deux fois la permission ?

— Non sûrement, milord; mais votre Altesse Royale se souvient-elle que sir John Ramorny....

— Il n'est pas la peste, je crois. Allons, Errol, vous voudriez jouer le rôle de geôlier farouche, mais il ne convient nullement à votre caractère. Adieu pour une demi-heure.

— Nouvelle folie! dit le comte d'Errol tandis que le prince, ouvrant une porte de la salle au rez-de-chaussée où ils étaient, entrait dans le jardin; car c'en est une véritable que de rappeler près de lui ce misérable; mais il est infatué.

Cependant le prince, se retournant, lui dit à la hâte :

— L'hospitalité de Votre Seigneurie voudra bien nous faire porter dans le pavillon un flacon ou deux, accompagnés d'une légère collation. J'aime cet *al fresco* de la rivière.

Le connétable ne lui répondit qu'en le saluant, et il donna sur-le-champ les ordres nécessaires, de sorte que lorsque sir John, sortant de sa barque, entra dans le pavillon, il y trouva déjà un repas tout préparé.

— Je suis fâché au fond du cœur de trouver Votre Altesse en chartre privée, dit Ramorny avec un air de compassion parfaitement joué.

— Ton chagrin en sera un pour moi, répondit le prince. Il est très-vrai qu'Errol, qui est un homme très-estimable, m'a tellement ennuyé ici par son air grave, et par ses discours, qui peuvent passer pour de graves leçons, qu'il m'a forcé d'avoir encore recours à toi, réprouvé que tu es. Si je n'ai rien de bon à attendre de toi, peut-être pourrai-je en tirer quelque chose d'amusant. Cependant, avant d'aller plus loin, je dois te dire que ce qui s'est passé le mercredi des Cendres est une infamie. J'espère bien que tu n'y as trempé en rien.

— Sur ma parole, milord, ce n'est qu'une méprise de cet animal de Bonthron. Je lui avais seulement donné à entendre qu'une bastonnade devait être la récompense du drôle qui m'a fait perdre une main, et voilà mon coquin qui fait une double bévue. Il prend un homme pour un autre, et au lieu de bâton, il se sert d'une hache.

— Il est est encore heureux que tout se soit borné là.
— Ce bonnetier, c'est peu de chose ; mais je ne vous aurais jamais pardonné si l'armurier eût été la victime.
— Il n'a pas son pareil dans toute la Grande-Bretagne.
— J'espère que le scélérat a été attaché à une potence assez haute ?

— Si trente pieds vous paraissent suffire....

— Bah ! ne parlons plus de lui ; le nom seul de ce misérable donne un goût de sang à ce bon vin. — Et quelles nouvelles dans Perth, Ramorny ? Que font nos filles de joie et nos gaillards ?

— On n'y pense guère à la gaillardise, milord. Tous les yeux sont fixés sur les mouvemens de Douglas-le-Noir, qui arrive avec cinq mille hommes d'élite, pour nous mettre tous à la raison, comme s'il marchait à un autre Otterburne (1). On dit qu'il va être encore une fois lieutenant-général du royaume ; et il est certain que beaucoup de gens se sont déclarés en sa faveur.

— Il serait donc grand temps que mes pieds fussent libres, sans quoi je pourrais trouver un geôlier pire qu'Errol.

(1) Bataille gagnée par un lord Douglas. — ÉD.

— Ah, milord! si vous étiez une fois hors d'ici, vous auriez bientôt un parti en état de faire tête à celui de Douglas.

— Ramorny, dit le prince d'un ton grave, je n'ai gardé qu'un souvenir confus d'une proposition horrible que vous m'avez faite il n'y a pas bien long-temps. Prenez garde de me donner de pareils conseils. — Je voudrais être libre; je voudrais être maître de mes mouvemens; mais je ne prendrai jamais les armes contre mon père, ni contre ceux à qui il lui plaît d'accorder sa confiance.

— Ce n'était que de la liberté personnelle de Votre Altesse que je me permettais de parler. Si j'étais à la place de Votre Grace, je me jetterais dans cette bonne barque que vous voyez sur le Tay; je me ferais conduire tranquillement dans le comté de Fife, où vous avez nombre d'amis, et je m'installerais sans façon à Falkland. C'est un château royal, et quoique le roi en ait fait présent à votre oncle, Votre Grace peut bien se permettre de faire sa résidence chez un si proche parent.

— Il a pris bien d'autres libertés avec mes biens, comme le domaine de Renfrew en est la preuve. — Mais un moment, Ramorny, un moment! — N'ai-je pas entendu dire à Errol que lady Marjory Douglas, qu'on appelle duchesse de Rothsay, est à Falkland? Je ne voudrais ni loger sous le même toit que cette dame, ni l'insulter en l'obligeant à en partir.

— Elle y a demeuré, milord; mais j'ai reçu l'avis certain qu'elle est allée joindre son père.

— Ah! pour animer Douglas contre moi, ou peut-être pour le prier de m'épargner, pourvu que j'aille à genoux lui demander une place dans son lit, comme les pèlerins disent qu'est obligé de le faire l'émirs ou l'amiral à qui un soudan sarrasin donne sa fille en mariage? Ramorny, j'agirai d'après la maxime de Douglas même : il vaut mieux entendre l'alouette chanter, qu'écouter la souris trotter? Je ne me laisserai pas mettre les fers aux pieds et aux mains.

— Nulle place ne vous convient donc mieux que Falkland? J'ai assez d'hommes d'armes pour vous y maintenir, et si Votre Altesse désirait en partir, une petite course conduit à la mer de trois côtés différens.

— Vous avez raison, dit le prince inconsidéré, mais nous y mourrons d'ennui. Ni gaieté, ni musique, ni femmes.

— Pardon, noble duc; mais quoique lady Marjory Douglas en soit partie comme une dame errante de roman, pour implorer le puissant secours de son père, j'ose dire qu'il se trouve à Falkland une plus jeune fille, une fille plus aimable, ou du moins qu'elle sera bientôt en route pour s'y rendre. — Votre Altesse n'a pas oublié la Jolie Fille de Perth?

— Oublié la plus jolie fille d'Écosse! — Non, — pas plus que tu n'as oublié que tu as mis la main à l'expédition de Curfew-Street, la nuit de la veille de Saint-Valentin.

— Que j'y ai mis la main? — Votre Altesse veut dire que je l'y ai perdue. Aussi vrai que je ne la retrouverai jamais, Catherine Glover est en ce moment ou sera bientôt à Falkland. Je ne flatterai pas Votre Altesse en disant qu'elle espère vous y trouver. — Le fait est qu'elle a dessein de se placer sous la protection de lady Marjory.

— La petite traîtresse ! — Elle se tourne contre moi ! Elle mérite punition, Ramorny.

— J'espère que la pénitence que lui imposera Votre Altesse sera douce.

— Sur ma foi, il y a long-temps que j'aurais voulu être son père confesseur ; mais je l'ai toujours trouvée si réservée !

— L'occasion vous a manqué, milord ; et même à présent le moment est pressant.

— En vérité, je ne suis que trop disposé à faire une folie ; mais mon père....

— Sa personne est en sûreté, et il est aussi libre qu'il peut jamais l'être, tandis que Votre Altesse....

— Doit porter des fers, quand ce ne serait que ceux de l'hymen. — Je le sais. — Je vois arriver Douglas, donnant la main à sa fille, qui a l'air aussi hautain et les traits aussi durs que son père même, sauf quelques traces de vieillesse.

— Et c'est à Falkland que vit dans la solitude la plus belle fille d'Écosse. — Ici tout est pénitence et contrainte, là tout sera joie et liberté.

— Tu l'emportes, mon sage conseiller ; mais fais bien attention que ce sera la dernière de mes folies.

— Je l'espère ainsi ; car, quand vous serez en liberté, vous pourrez entrer en arrangement avec votre père.

— Je vais lui écrire, Ramorny. — Avance-moi cette écritoire. — Non, je ne puis mettre mes pensées en ordre. — Écris toi-même.

— Votre Altesse royale oublie.... dit Ramorny en montrant son bras mutilé.

— Ah! cette maudite main ! — Que ferons-nous donc ?

— Si c'était le bon plaisir de Votre Altesse, elle pourrait employer la main du médecin Dwining. — Il écrit comme un clerc.

— Connait-il les circonstances ? En a-t-il quelque idée ?

— Il sait tout, répondit Ramorny ; et s'approchant de la fenêtre, il appela Dwining, qui était resté dans la barque.

Dwining s'avança vers le prince avec autant de circonspection que s'il eût marché sur des œufs, les yeux baissés, et tout son corps semblant encore se rapetisser par suite d'une crainte respectueuse.

— Tenez, l'ami, dit le prince, voici tout ce qu'il faut pour écrire ; je vais mettre vos talens à l'épreuve. — Vous savez ce dont il s'agit. — Exposez ma conduite à mon père sous un jour favorable.

Dwining s'assit, et en quelques minutes écrivit une lettre qu'il remit à sir John Ramorny.

— Sur ma foi, le diable t'a aidé, Dwining, dit le chevalier. Écoutez, milord. « — Mon père respecté, et mon souverain seigneur ; apprenez que des considérations importantes me portent à quitter votre cour, ayant dessein de fixer mon séjour à Falkland, tant parce que ce château appartient à mon cher oncle Albany, avec lequel je sais que Votre Majesté désire que je me conduise avec toute la familiarité de l'affection, que parce que c'était la résidence d'une personne dont j'ai été séparé trop long-temps, et à qui je me hâte de porter les vœux de la plus vive tendresse, à compter de ce jour. »

Le duc de Rothsay et Ramorny partirent d'un éclat de rire, et Dwining, qui avait écouté son ouvrage, comme si c'eût été sa sentence de mort, encouragé par leurs applaudissemens, leva les yeux, fit entendre à demi-voix son exclamation de plaisir hé! hé! hé! puis reprit sa gravité silencieuse, comme s'il eût craint d'avoir passé les bornes d'un humble respect.

— Admirable, dit le prince, admirable! le vieillard expliquera ces mots à la duchesse de Rothsay, comme on l'appelle. Dwining, tu devrais être *a secretis* de Sa Sainteté le pape, s'il est vrai, comme on le dit, qu'il ait quelquefois besoin d'un scribe en état de trouver un mot à double entente. Je vais signer cette lettre, et j'aurai le mérite de l'invention.

— Et maintenant, milord, dit Ramorny après avoir cacheté la lettre, qu'il laissa sur la table, ne voulez-vous pas monter sur la barque?

— Il faut attendre mon chambellan, mes habits, tout ce qui m'est nécessaire. Vous ferez bien aussi d'appeler mon écuyer tranchant.

— Le temps presse, milord, et ces préparatifs ne feront que donner des soupçons. Vos officiers viendront vous rejoindre demain ; et pour aujourd'hui mes humbles services pourront vous suffire à table et dans votre appartement.

— Pour cette fois, c'est toi qui oublies, dit le prince en lui touchant son bras blessé avec une badine qu'il tenait à la main. Souviens-toi donc que tu n'es en état ni de découper un chapon, ni d'attacher une aiguillette. Tu ferais, ma foi! un joli valet de chambre, un excellent écuyer tranchant!

Ramorny frémit de rage et de crainte ; car sa blessure était encore si sensible, qu'il suffisait qu'il vît un doigt se diriger vers son bras pour le faire trembler.

— Plaît-il à Votre Altesse de sortir?

— Non pas sans prendre congé du lord connétable. Rothsay ne doit pas sortir de la maison du comte d'Errol comme un voleur qui s'enfuit de prison. Priez-le de venir ici.

— Cela peut être dangereux pour nos projets, milord.

— Au diable le danger, tes projets et toi-même! je veux agir et j'agirai à l'égard d'Errol d'une manière digne de lui et de moi.

Le comte, averti des désirs du prince, ne tarda pas à se présenter.

— Je vous ai donné la peine de venir ici, milord, dit Rothsay avec cet air de politesse et de dignité qu'il savait si bien prendre, pour vous faire mes remerciemens de votre hospitalité et de votre compagnie. Je ne puis en jouir plus long-temps, des affaires pressantes m'appelant à Falkland.

— Milord, dit le grand connétable, j'espère que Votre Grace n'oublie pas que vous êtes sous ma garde.

— Comment! sous votre garde! Si je suis prisonnier, dites-le clairement. Si je ne le suis pas, je prendrai la liberté de partir.

— Je désirerais, milord, que Votre Altesse voulût demander la permission de Sa Majesté pour faire ce voyage. Le roi en éprouvera beaucoup de mécontentement.

— Voulez-vous dire du mécontentement contre vous, ou contre moi, milord?

— Je vous ai déjà dit que Votre Altesse est ici sous ma garde; mais si vous avez résolu d'en partir, je n'ai pas reçu l'ordre (à Dieu ne plaise!) d'employer la force pour vous retenir. Je ne puis que vous supplier, par égard pour vous-même, de....

— Je suis le meilleur juge de mes propres intérêts. Adieu, milord.

Le prince opiniâtre entra dans la barque avec Dwining et Ramorny; sans attendre personne de la suite du duc, Eviot repoussa du rivage l'esquif, qui descendit rapidement le Tay, à l'aide d'une voile, des rames et du reflux.

Pendant quelque temps le duc de Rothsay parut pensif et taciturne, et ses compagnons n'interrompirent pas ses réflexions. Enfin il leva la tête, et dit : — Mon père aime une plaisanterie, et il ne prendra pas celle-ci plus au sérieux qu'elle ne le mérite. C'est une folie de jeunesse qu'il traitera comme il a traité les autres. Voyez, mes maîtres, voici le vieux fort de Kinfauns, s'élevant sur les rives du Tay. Maintenant, Ramorny, dis-moi comment tu t'y es pris pour tirer la Jolie Fille de Perth des mains de ce prévôt entêté; car Errol m'a dit qu'on assurait qu'il l'avait prise sous sa protection.

— C'est la vérité, milord; et dans le dessein de la placer sous celle de la duchesse de.... je veux dire de lady Marjory Douglas. Or ce prévôt à tête lourde, qui n'est après tout qu'un sot courageux, a, comme la plupart des gens de cette espèce, un affidé doué de quelque adresse et de quelque astuce, qu'il emploie en toute occasion, et dont en général il adopte les idées au point de les croire les siennes. C'est à un pareil confident que je m'adresse quand je veux connaître les projets de quelque baron imbécile. Celui de sir Patrice se nomme Kitt Henshaw; c'est un ancien marinier du Tay, qui, ayant de son temps vogué jusqu'à Campvere, obtient de son patron le respect dû à un homme qui a vu les pays étrangers. Cet agent est devenu le mien, et je lui ai suggéré divers prétextes qu'il a fait valoir pour retarder le départ de Catherine.

— Et à quoi bon?

— Je ne sais s'il est sage de le dire à Votre Altesse, de crainte que vous ne désapprouviez mes vues. Je désirais que les membres chargés d'informer contre les hérétiques trouvassent la Jolie Fille de Perth à Kinfauns ; car cette beauté farouche est réfractaire aux doctrines de l'Église, et certes, je souhaitais que le chevalier supportât sa part des amendes et des confiscations qui devaient être prononcées. Les moines n'auraient pas été fâchés de le tenir entre leurs griffes, car il a eu souvent des querelles avec eux relativement à la dîme du saumon.

— Mais pourquoi aurais-tu voulu ruiner la fortune du chevalier, et peut-être conduire au bûcher une jeune et jolie femme?

— Bon, milord! Les moines ne font jamais brûler les jolies filles. Une vieille femme aurait pu courir quelque danger. Mais quant à milord prévôt, comme les bourgeois l'appellent, si on lui avait rogné quelques-uns de ses bons acres de terre, c'eût été quelque réparation pour la manière dont il m'a bravé dans l'église de Saint-Jean.

— Il me semble, Ramorny, que c'est une vengeance bien basse.

— N'en croyez rien, milord. Celui qui ne peut employer son bras pour se faire justice doit avoir recours à sa tête. Au surplus cette chance me fut enlevée par le consciencieux Douglas, qui se déclara en faveur des consciences timorées. Alors le vieux Henshaw ne trouva plus d'obstacle à conduire à Falkland la Jolie Fille de Perth, non pour partager l'ennui de la société de lady Marjory, comme elle se l'imagine ainsi que sir Patrice Charteris, mais pour empêcher Votre Altesse de s'ennuyer quand nous rentrerons au château après avoir chassé dans le parc.

Il y eut encore un long intervalle de silence, pendant lequel le prince parut réfléchir profondément.—Ramorny, dit-il enfin, j'ai un scrupule dans cette affaire; mais si je te le fais connaître, le diable du sophisme, dont tu es possédé, t'inspirera des raisonnemens qui le feront disparaître, comme cela est arrivé déjà. Cette fille est la plus belle que j'aie jamais vue ou connue, à l'exception d'une seule; et je ne l'en aime que mieux parce qu'elle a quelques-uns des traits d'Élisabeth de Dunbar. Mais Catherine Glover est promise, et sur le point d'être mariée à Henry l'armurier, artisan qui n'a pas son égal dans sa profession, et homme d'armes dont on chercherait long-temps le pareil, par-dessus le marché. Mettre fin à cette intrigue, ce serait faire à ce brave garçon une trop forte injure.

— Votre Altesse ne s'attend pas à me voir prendre fort à cœur les intérêts de Henry Smith, dit Ramorny en jetant un regard sur son bras mutilé.

— Par la croix de saint André, John Ramorny, tu reviens trop souvent sur cet accident. Il y a des gens qui mettent le bout du doigt dans le plat; mais toi, il faut que tu y plonges ta main saignante tout entière. L'affaire est faite; on ne peut y remédier; il faut l'oublier.

— Vous y faites allusion plus souvent que moi, milord; par dérision, il est vrai, tandis que je.....

Mais je puis garder le silence sur ce sujet, s'il m'est impossible de l'oublier.

— Eh bien donc, je te dis que j'ai des scrupules sur cette intrigue. Te souviens-tu lorsque nous fîmes la partie d'aller entendre prêcher le père Clément, ou pour mieux dire d'aller voir cette belle hérétique, il parla, d'une manière presque aussi touchante qu'un ménestrel, du riche qui enlève l'unique brebis du pauvre?

— Grand malheur, en vérité, que le fils aîné de la femme de ce manant ait pour père le prince d'Écosse! Combien de comtes souhaiteraient le même destin à leurs belles comtesses? Combien de gens ont eu la même bonne fortune, sans en avoir perdu une heure de sommeil?

— Et, s'il m'est permis de prendre la liberté de parler, dit Dwining, les anciennes lois d'Ecosse accordaient à tout seigneur féodal ce privilège sur ses vassales, quoique plusieurs, par cupidité, et faute de noblesse d'ame, y aient renoncé pour de l'argent.

— Il ne me faut pas des argumens bien pressans, dit le prince, pour me déterminer à être galant auprès d'une jolie femme, mais cette Catherine m'a toujours montré de la froideur.

— Ma foi, dit Ramorny, si vous ne savez, vous, jeune, bien fait, et prince, comment faire agréer vos soins à une jolie femme, il ne me reste plus rien à dire.

— Et si je pouvais, sans trop d'audace, prendre encore la parole, dit le médecin, j'ajouterais que personne n'ignore dans Perth que ce Gow n'a jamais été l'objet du choix de cette jeune fille, et que c'est son père qui la force à l'accepter pour mari. Je sais pertinemment qu'elle l'a refusé à plusieurs reprises.

— Si tu peux nous assurer ce fait, cela change la face des choses, dit Rothsay. Vulcain était forgeron comme Henry Gow. Il s'obstina à épouser Vénus, et nos chroniques nous apprennent ce qui en résulta.

— Et bien, dit sir John Ramorny, puisse lady Vénus vivre et être adorée long-temps, et succès au galant chevalier Mars qui va courtiser sa divinité !

La conversation roula pendant quelques minutes sur ces allusions d'une folle gaieté ; mais le duc de Rothsay ne tarda pas à prendre un autre ton.

— J'ai laissé derrière moi l'air de ma prison, dit-il, et cependant mon enjouement ne peut renaître. Je suis accablé de cette sorte de langueur qui a quelque chose de mélancolique, sans être désagréable, qu'on éprouve quand on est épuisé par l'exercice ou rassasié de plaisir. Un peu de musique qui se glisserait dans l'oreille, sans être assez haute pour faire lever les yeux, serait une fête digne des dieux.

— Votre Altesse n'a qu'à faire connaître ses désirs, dit Ramorny, et les nymphes du Tay lui sont aussi favorables que celles qui habitent la surface de la terre. Écoutez ! C'est un luth.

— Un luth ! dit le duc de Rothsay en écoutant ; et l'on en pince supérieurement. Je voudrais pouvoir me rappeler cette cadence qui semble mourir. Faites avancer la barque du côté d'où vient cette musique.

— C'est le vieux Henshaw qui remonte le fleuve, dit Ramorny. Holà ! batelier !

Le marinier répondit à cet appel, et s'approcha de la barque du prince.

— Oh ! oh ! mon ancienne amie ! s'écria le prince en reconnaissant la figure et l'accoutrement de Louise, la chanteuse provençale. Je crois que je te dois quelque chose pour la frayeur que je t'ai occasionée, tout au moins, le jour de Saint-Valentin. Passe dans cette barque, toi, ton chien, ton luth et tout ce qui t'appartient. Je te ferai entrer au service d'une dame qui nourrira ton chien même de blancs de chapons, et qui t'abreuvera de vin des Canaries.

— J'espère, dit Ramorny, que Votre Altesse songera...

— Je ne songe qu'à mon plaisir, John, et je te prie d'être assez complaisant pour y songer aussi.

— Est-ce véritablement au service d'une dame que vous voulez me faire entrer? demanda Louise. Et où demeure-t-elle?

— A Falkland, répondit le prince.

—Oh! j'ai entendu parler de cette grande dame, dit Louise; et vous me ferez réellement entrer au service de votre épouse royale?

— Je le ferai, sur mon honneur, répondit le prince, aussitôt que je la reconnaîtrai en cette qualité, ajouta-t-il à demi-voix. — Remarque bien cette réserve, dit-il à part à Ramorny.

Les passagers qui étaient dans la barque entendirent cette conversation, et concluant qu'une réconciliation allait avoir lieu entre le prince et son épouse, ils engagèrent Louise à profiter de sa bonne fortune, et à accepter une place parmi les femmes de la suite de la duchesse de Rothsay. Quelques-uns lui offrirent un léger tribut, en récompense de l'exercice de ses talens.

Pendant ce moment de délai, Ramorny dit à l'oreille de Dwining : — Allons, drôle, trouve quelque objection. Cette addition est de trop. Que ton esprit s'évertue, tandis que je vais dire un mot à Henshaw.

— Si je puis me permettre de parler, dit Dwining, je vous dirai, milord, en homme qui a fait ses études en Espagne et en Arabie, qu'une maladie contagieuse s'est déclarée à Édimbourg, et qu'il serait dangereux d'admettre près de Votre Altesse une jeune femme qui court ainsi le pays.

— Ah! répondit Rothsay; et que t'importe si je veux être empoisonné par la peste ou par un apothicaire? Faut-il que toi aussi tu contraries mes fantaisies?

Tandis que le prince mettait ainsi fin aux remontrances de Dwining, sir John Ramorny avait saisi un instant pour apprendre d'Henshaw que le départ de la duchesse de Rothsay de Falkland était encore complètement ignoré, et que Catherine Glover y arriverait dans la soirée ou le lendemain matin, avec l'espoir d'être prise sous la protection de cette noble dame.

Le duc de Rothsay, plongé dans de profondes réflexions, reçut cette nouvelle si froidement, que Ramorny se permit à son tour de lui faire une remontrance. —Vous désiriez la liberté, lui dit-il; elle vous arrive. Vous soupiriez pour la beauté; elle vous attend, sans plus de délai qu'il n'en faut pour rendre ses faveurs plus précieuses. Même vos moindres désirs semblent une loi pour le destin; car vous souhaitiez de la musique dans un instant où il semblait impossible de vous en procurer, et sur-le-champ un luth et une chanteuse sont à vos ordres. Il faut savoir jouir des dons que la fortune nous fait ainsi, sans quoi nous sommes comme des enfans gâtés qui brisent et jettent loin d'eux les jouets pour la possession desquels ils ont pleuré.

— Pour jouir du plaisir, Ramorny, il faut avoir connu la peine, de même qu'il faut jeûner pour avoir bon appétit. Nous qui pouvons avoir tout ce que nous désirons, nous en jouissons peu quand nous le possédons. — Vois-tu ce nuage épais, qui est prêt à nous inonder de pluie? Il me semble qu'il m'étouffe; — l'eau me paraît trouble et noire; les rives du fleuve ont perdu à mes yeux toute leur beauté.

— Pardonnez à votre serviteur, milord; mais vous vous abandonnez trop à votre imagination, comme un cavalier peu habile laisse un cheval fougueux se cabrer au point de tomber sur son maître et de l'écraser. Secouez cette léthargie, je vous en supplie. — Dirai-je à cette chanteuse de vous donner un peu de musique?

— Oui, qu'elle chante, — mais que ce soit quelque chose de mélancolique. Les sons de la gaieté n'auraient pas d'harmonie en ce moment pour mon oreille.

Louise commença une chanson mélancolique en français-normand; et un air non moins triste accompagnait les paroles dont voici l'imitation.

>   Tu peux encor faire entendre un soupir,
> Et regarder cette aimable prairie,
> Ce ciel si beau, cette rive fleurie;
> Mais de tes jours la source va tarir:
>   Tu dois mourir.

>   A ton destin résigné sans gémir
> Le sang fait-il battre encor tes artères;
> Pour toi qu'un moine offre au ciel des prières,
> Entends la cloche, — elle fait retentir:
>   Tu vas mourir !

> Sache braver ce dernier coup du sort.
> C'est un moment d'angoisse passagère;
> Le court frisson d'une fièvre éphémère;
> Et l'on ne craint soucis ni déconfort,
>   Quand on est mort.

Le prince ne fit aucune observation sur cette chanson, et Louise, obéissant aux ordres de Ramorny, continua de temps en temps à faire entendre ses chants. Dans la soirée il tomba de la pluie. D'abord elle était peu forte, mais elle finit par tomber en torrens, et elle était accompagnée d'un vent glacial. Le prince n'avait ni manteau ni rien pour se couvrir, et il refusa avec humeur celui que portait Ramorny, qui le lui offrit.

— Il ne convient pas que Rothsay porte vos vieux habits, sir John. — Cette neige fondue me gèle jusqu'à la moelle des os. C'est votre faute. Pourquoi vous êtes-vous permis de faire partir la barque sans attendre mes gens et mon bagage?

Ramorny ne chercha point à se justifier, car il savait que lorsque le prince était dans un de ses accès d'humeur, il aimait mieux se plaindre que de s'entendre fermer la bouche par des excuses. Rothsay tantôt continua ses plaintes, tantôt garda un sombre silence, jusqu'à ce qu'on arrivât au village de Newburgh, habité par des pêcheurs. Là, nos voyageurs quittèrent la barque et prirent des chevaux que Ramorny y avait fait placer plusieurs jours auparavant, dans l'attente de cette occasion. La mauvaise humeur du prince continuant, il critiqua sa monture, n'épargna pas celles des autres, et se soulagea par des sarcasmes amers et piquans, qu'il adressait quelquefois directement à Ramorny. Enfin ils se mirent en route. La nuit commençait à tomber, et la pluie ne cessait pas. Rothsay précédait les autres, aveugle à toute espèce de danger. La chanteuse, à qui, par son ordre exprès, on avait donné un cheval, les accompagnait; et il fut heureux pour elle qu'elle fût habituée à souffrir les injures du temps et à voyager à cheval comme à pied, car ce fut ce qui lui donna la force de supporter avec autant de fermeté que les hommes les fatigues de cette course nocturne. Ramorny fut obligé de se maintenir à côté du prince, n'étant pas sans inquiétude que quelque nouveau caprice ne le portât à s'éloigner de lui et à chercher un abri chez quelque baron loyal, où il échapperait au piège qui lui était préparé. Il passa donc tout le temps du voyage dans des souffrances inexprimables d'esprit et de corps.

Enfin ils entrèrent dans la forêt de Falkland, et la clarté de la lune, qui se montra un instant, leur fit voir la tour sombre et immense qui était une dépendance de la couronne, quoiqu'elle eût été donnée pour un certain temps à Albany. A un signal donné le pont-levis se baissa. Des torches brillèrent dans la cour, et plusieurs serviteurs se présentèrent. On aida le prince à descendre de cheval, et on le fit entrer dans un appartement où il fut suivi par Ramorny et Dwining. Le premier le supplia de prendre les avis du médecin. Le duc de Rothsay n'en voulut rien faire, et ordonna avec hauteur qu'on préparât son lit. Il resta quelque temps à grelotter devant un grand feu, couvert de ses vêtemens mouillés, et il se retira dans son appartement sans adresser un seul mot à personne.

—Vous voyez l'humeur fantasque de ce jeune homme, de cet enfant, dit Ramorny à Dwining. Serez-vous surpris qu'un serviteur qui a fait pour lui tout ce que j'ai fait soit fatigué d'un tel maître ?

— Non vraiment, répondit Dwining ; ce motif et la promesse du comté de Lindores ébranleraient la fidélité la plus à l'épreuve. — Mais nous mettrons-nous en besogne avec lui ce soir même? Si ses yeux disent la vérité, il porte dans son sein les germes d'une fièvre qui rendra notre ouvrage plus facile, et qui mettra tout sur le compte de la nature.

— C'est une occasion perdue, dit Ramorny ; mais il ne faut frapper notre coup que lorsqu'il aura vu cette beauté, Catherine Glover. Elle pourra ensuite servir de témoin pour déclarer qu'elle l'a vu en bonne santé, et maître de toutes ses actions, peu de temps avant que.... Vous m'entendez?

Dwining fit un signe affirmatif, et répondit :

— Il n'y a pas de temps perdu. Il n'est pas difficile de flétrir une fleur épuisée pour avoir fleuri trop tôt.

CHAPITRE XXXI.

Le lendemain matin, l'humeur du duc de Rothsay n'était plus la même. A la vérité il se plaignait de souffrir et d'avoir de la fièvre, mais ses souffrances, au lieu de l'accabler, semblaient être un stimulant pour lui. Il traitait Ramorny avec familiarité, et quoiqu'il ne dît rien qui eût rapport à ce qui s'était passé la soirée précédente, il était clair qu'il se rappelait ce qu'il désirait effacer du souvenir de ses compagnons; — la mauvaise humeur qu'il avait montrée. Il était civil avec tout le monde, et il plaisanta avec Ramorny relativement à l'arrivée de Catherine.

— Comme la jolie prude sera surprise, dit-il, quand elle se verra entourée d'hommes, au lieu d'être admise, comme elle s'y attend, parmi les barbes et les coiffes des femmes de lady Marjory! Je suppose que le beau sexe n'est pas très-nombreux dans ce château, Ramorny.

— Non, sans doute; à l'exception de la chanteuse, il ne s'y trouve qu'une couple de servantes, dont nous ne pourrions pas nous passer.— Mais, à propos de la chanteuse, elle demande à chaque instant la maîtresse au service de laquelle Votre Altesse lui a promis de la faire entrer. La congédierai-je, afin qu'elle ait le loisir d'aller la chercher?

— Nullement. Elle servira à amuser Catherine. — Mais, écoute-moi; ne serait-il pas à propos de recevoir cette belle réservée avec une espèce de mascarade?

— Que voulez-vous dire, milord?

— Tu es bien borné, Ramorny. — Nous ne la tromperons pas dans son attente; elle compte trouver ici la duchesse de Rothsay; je serai moi-même duc et duchesse.

— Je ne vous comprends pas encore.

— Personne n'est plus bête qu'un homme d'esprit quand il ne saisit pas une idée sur-le-champ. — Mon épouse, comme on l'appelle, a été aussi pressée de quitter Falkland que je l'ai été d'y arriver. Nous sommes venus ici, toi et moi, sans nos bagages. Il y a dans la garde-robe attenante à ma chambre à coucher assez de vêtemens de femme pour tout un carnaval. — Vois-tu, je jouerai le rôle de dame Marjory, placé sur ce lit avec un voile noir et une guirlande de feuilles de saule, pour indiquer que je suis une épouse délaissée. Toi, John, tu auras l'air assez raide et assez empesé pour passer pour sa dame d'honneur du comté de Galloway, la comtesse Hermigide; et Dwining représentera parfaitement la vieille Hécate, sa nourrice; si ce n'est qu'elle a plus de poils sur la lèvre supérieure qu'il n'en a sur toute sa figure, en y comprenant même son crâne. Il faudrait qu'il se procurât une barbe pour lui ressembler un peu mieux. Prends tes filles de cuisine, et les pages un peu passables que tu peux avoir, pour en faire les dames de ma chambre. — M'entends-tu ? — Allons, vîte, à l'ouvrage!

Ramorny entra dans l'antichambre, et apprit à Dwining le projet du prince.

— Charge-toi de satisfaire les caprices de ce fou, lui dit-il; je ne me soucie guère de le voir, sachant ce qui va lui arriver.

— Laissez-moi le soin de tout, dit Dwining en levant les épaules. Quelle espèce de boucher que celui qui peut couper le cou d'un agneau, et qui craint de l'entendre bêler ?

— C'est bon! c'est bon! Ne crains pas que je manque de fermeté. — Je ne puis oublier qu'il m'aurait relégué dans un cloître, sans plus de cérémonie qu'on n'en fait pour jeter le tronçon d'une lance rompue. Va-t'en! — Un instant, cependant. — Avant d'arranger cette sorte de mascarade, il faut imaginer quelque chose pour tromper ce crâne épais de Charteris. Il est assez probable que, si on le laisse croire que la duchesse de Rothsay est encore ici, et que Catherine Glover est auprès d'elle, il y viendra pour offrir ses services, ses respects, etc.; et je n'ai pas besoin de te dire que sa présence ne serait pas sans inconvénient. — Cela est même d'autant plus vraisemblable que certaines gens supposent un motif assez tendre à la protection que ce chevalier à tête de fer accorde à la Jolie Fille de Perth.

— Cela me suffit. Laissez-moi le soin de traiter avec lui. Je lui enverrai une lettre conçue de manière que, d'ici à un mois, il sera aussi disposé à faire un voyage en enfer qu'à Falkland. — Pouvez-vous me dire comment se nomme le confesseur de la duchesse?

— Waltheof, un frère gris.

— Suffit! — Je pars de là.

En quelques minutes, car il était aussi habile qu'un clerc, Dwining fit une lettre qu'il remit entre les mains de Ramorny.

— Voilà qui est admirable, dit celui-ci, et cette lettre aurait fait ta fortune avec Rothsay. — Je crois que j'aurais été trop jaloux pour te laisser dans sa maison, si ce n'était que ses jours touchent à leur fin.

— Lisez-la tout haut, dit Dwining, afin que nous jugions si le style marche couramment. — Ramorny lut ce qui suit :

« Par ordre de haute et puissante princesse Marjory, duchesse de Rothsay, nous, Waltheof, frère indigne de l'ordre de Saint-François, nous vous faisons savoir, sir Patrice Charteris, chevalier de Kinfauns, que Son Altesse est fort surprise que vous ayez eu la témérité d'envoyer en sa présence une femme dont elle ne peut juger le caractère que défavorablement, puisque, sans aucune nécessité, elle a passé plus d'une semaine dans votre château, sans autre compagnie de son sexe que des servantes ; conduite plus que suspecte, dont le bruit s'est répandu dans les comtés de Fife, d'Angus et de Perth. Néanmoins, Son Altesse, prenant en considération la fragilité humaine, n'a pas fait fouetter avec des orties cette jeune dévergondée, et ne lui a même imposé aucune pénitence ; mais comme deux bons moines du couvent de Lindores, les pères Thickscull et Dundermore, ont été rappelés dans les montagnes par un ordre spécial, Son Altesse a confié à leurs soins cette jeune fille Catherine, en les chargeant de la conduire près de son père, qu'elle dit être en ce moment dans les environs du lac de Tay. Elle y trouvera, sous sa protection, une situation plus convenable à ses qualités et à ses habitudes, que le château de Falkland, tant que la duchesse de Rothsay l'habitera. Elle a chargé les deux bons pères de donner à cette jeune femme des instructions capables de lui inspirer l'horreur du péché d'incontinence, et elle vous recommande à vous-même la confession et la pénitence. »

« Signé, Waltheof,

« Par ordre de haute et puissante princesse, etc. »

— Excellent! excellent! s'écria Ramorny en finissant cette lecture. — Cette réprimande inattendue fera perdre l'esprit à Charteris. Depuis long-temps il rend une sorte d'hommage à cette noble dame, et il sera complètement confondu en se voyant soupçonné d'incontinence quand il s'attendait à avoir tout l'honneur d'une action charitable. Comme tu dis, il se passera du temps avant qu'il songe à venir ici chercher sa Jolie Fille, ou présenter ses hommages à lady Marjory. — Mais songe à la mascarade, et je vais m'occuper des préparatifs pour terminer le bal.

Il était une heure avant midi, quand Catherine, escortée par le vieux Henshaw et par un homme au service du chevalier de Kinfauns, arriva devant la tour de Falkland. La grande bannière qui était déployée laissait voir les armes de Rothsay; les domestiques qui se montrèrent portaient la livrée du prince; tout confirmait l'opinion générale que la duchesse continuait à y résider. Le cœur de Catherine palpitait, car elle avait entendu dire que la duchesse avait la hauteur et la fierté de Douglas, et elle ne savait trop quel accueil elle allait en recevoir. En entrant dans le château elle remarqua que la suite de la duchesse était moins nombreuse qu'elle ne s'y était attendue ; mais comme Son Altesse vivait dans une profonde retraite, elle en fut peu surprise. En entrant dans une espèce d'antichambre, elle trouva une petite vieille femme qui semblait courbée par l'âge, et qui se soutenait sur une canne d'ébène.

— Tu es la bienvenue, ma fille, dit-elle en embrassant Catherine, la bienvenue dans une maison d'affliction, comme je puis le dire ; et j'espère, l'embrassant encore une fois, que tu seras une consolation pour ma précieuse et royale fille la duchesse. Assieds-toi, ma fille, et j'irai voir si milady est de loisir pour te recevoir. Ah ! mon enfant, tu es bien aimable, en vérité, si Notre-Dame a accordé à ton ame autant de vertus que ton corps a de charmes.

A ces mots, la vieille femme prétendue se traîna à pas lents dans l'appartement voisin, où elle trouva Rothsay, costumé comme il l'avait projeté, et Ramorny, qui avait évité de prendre part à la mascarade, sous ses vêtemens ordinaires.

— Tu es un précieux coquin, sire docteur, dit le prince ; sur mon honneur ! il me semble que tu aurais le courage de remplir seul tous les rôles, même celui d'amant.

— Si c'était pour en éviter la peine à Votre Altesse, répondit Dwining avec son — hé ! hé ! hé ! — ordinaire.

— Non, non, dit Rothsay, je n'aurai jamais besoin de ton aide. Mais, dis-moi, suis-je bien placé sur cette couche ? ai-je bien l'air d'une dame languissante ?

— Le teint un peu trop brillant, et les traits trop doux pour bien ressembler à lady Marjory Douglas, si j'ose parler ainsi, répondit Dwining.

— Retire-toi, drôle, et fais entrer ce beau glaçon. Ne crains pas qu'elle me reproche d'être un efféminé. Et toi aussi, Ramorny, laisse-moi.

Tandis que le chevalier sortait par une porte, la vieille femme supposée fit entrer Catherine Glover par une autre. On avait eu soin de rendre la chambre obscure, de sorte que Catherine crut voir une femme étendue sur une couche, et ne conçut aucun soupçon.

— Est-ce la jeune fille? demanda Rothsay d'une voix naturellement douce, et qu'il eut soin d'adoucir encore en parlant bas. Qu'elle s'approche, et qu'elle nous baise la main.

La nourrice prétendue conduisit la jeune fille tremblante près du lit, et lui fit signe de s'agenouiller. Catherine obéit, et baisa avec autant de respect que de simplicité la main couverte d'un gant que lui tendait la soidisant duchesse.

— Ne craignez rien, dit la même voix harmonieuse; vous voyez en moi un triste exemple de la vanité des grandeurs humaines. Heureux, mon enfant, ceux que leur rang place au-dessous des orages politiques.

En parlant ainsi, la prétendue duchesse jeta ses bras autour du cou de Catherine, et l'attira vers elle, comme pour lui prouver, en l'embrassant, qu'elle était la bienvenue. Mais ce baiser fut donné avec une ardeur qui excédait tellement le rôle de protectrice, que Catherine crut que la duchesse avait perdu l'esprit, et poussa un grand cri.

— Paix, folle! dit le prince; c'est moi: Robert de Rothsay.

Catherine regarda autour d'elle. La nourrice était partie. Le duc, ayant déchiré la robe qui le couvrait, était debout devant elle, sous ses vêtemens ordinaires; et elle se vit au pouvoir d'un jeune libertin audacieux.

— Maintenant, que le ciel me protège ! pensa-t-elle; et il me protégera si je ne m'abandonne pas moi-même.

Armée de cette résolution, elle réprima la disposition qu'elle avait eue à pousser des cris; et, autant qu'elle le put, elle chercha à dissimuler sa crainte.

— La plaisanterie est finie, dit-elle avec autant de fermeté qu'elle put en affecter; puis-je maintenant prier Votre Altesse de me laisser aller? car Rothsay la tenait encore par le bras.

— Ne luttez pas contre moi, ma belle captive. Que craignez-vous ?

— Je ne lutte point, milord. Puisqu'il vous plaît de me retenir, je ne veux pas en luttant vous donner occasion de me maltraiter, et vous exposer à vous faire des reproches à vous-même quand vous aurez eu le temps de réfléchir.

— Comment, traîtresse! vous m'avez retenu captif pendant des mois entiers, et vous ne voulez pas que j'aie mon tour un instant?

— Ces discours seraient de la galanterie, milord, si nous étions dans les rues de Perth, où je pourrais les écouter ou les éviter, comme bon me semblerait; mais ici c'est de la tyrannie.

— Et quand je vous lâcherais le bras, où iriez-vous? les ponts sont levés, les herses sont baissées, les gens de ma suite ont l'oreille sourde aux cris d'une jeune fille. Soyez donc complaisante, et vous saurez ce que c'est que d'obliger un prince.

— Laissez-moi donc aller, milord. J'en appelle de vous à vous-même, du prince de Rothsay au prince d'Ecosse. Je suis fille d'un humble mais honnête citoyen, milord. Je puis presque dire que je suis épouse d'un homme brave et honnête. Si j'ai donné à Votre Altesse quelque encouragement pour agir comme elle l'a fait, c'est sans en avoir eu l'intention. Après vous avoir ainsi parlé, je vous supplie donc de ne pas abuser de votre pouvoir sur moi, et de me permettre de me retirer. Votre Altesse ne peut rien obtenir de moi que par des moyens indignes d'un chevalier et d'un homme.

— Vous êtes hardie, Catherine, mais vos paroles sont un cartel que je ne puis, ni comme chevalier, ni comme homme, me dispenser d'accepter. Il faut que je vous apprenne quel risque on court à faire de pareils défis.

En parlant ainsi, il voulut la prendre dans ses bras, mais elle réussit à le repousser, et elle continua avec le même ton de fermeté :

— J'ai autant de force pour me défendre dans une lutte honorable, milord, que vous pouvez en avoir pour m'attaquer avec des intentions honteuses. Ne nous forcez pas à rougir tous deux en la mettant à l'épreuve. Vous pouvez me faire mourir sous les coups; vous pouvez appeler de l'aide pour m'accabler plus aisément; mais vous ne vaincrez pas autrement ma résistance.

— Pour quelle brute me prenez-vous donc, Catherine? Je ne prétends employer d'autre force que celle qui fournit à une femme une excuse pour céder à sa propre faiblesse.

Il s'assit avec quelque émotion.

— En ce cas, milord, réservez-la pour celles qui désirent trouver une pareille excuse. Ma résistance est celle de l'esprit le plus déterminé que l'amour de l'honneur et la crainte de l'ignominie ait jamais inspiré. Hélas !

milord, si vous en triomphiez, vous rompriez tous les liens qui m'attachent à la vie, tous ceux qui vous enchainent à l'honneur. J'ai été amenée ici par trahison, par des ruses que je ne puis connaître, mais si j'en sortais déshonorée, ce ne serait que pour dénoncer dans toute l'Europe celui qui aurait détruit mon bonheur. Je prendrais en main le bâton de pèlerin, et partout où la chevalerie est honorée, partout où le nom de l'Écosse est connu, je proclamerais l'héritier de cent rois, le fils du bon Robert Stuart, le successeur futur du héros Bruce, un homme perfide et sans foi, indigne de la couronne qu'il attend et des éperons qu'il porte. Chaque dame, dans toute l'Europe, croirait ses lèvres souillées si elle prononçait votre nom, tous vos frères d'armes vous regarderaient comme un chevalier discourtois et félon, si vous aviez faussé le premier serment de la chevalerie, qui est de protéger la femme et de défendre le faible.

Rothsay se leva, et la regarda avec un mélange d'admiration et de ressentiment. — Vous oubliez à qui vous parlez, jeune fille, dit-il; sachez que la distinction que je vous accorde exciterait la reconnaissance de certaines femmes dont vous êtes née pour porter la robe.

— Encore une fois, milord, réservez-la pour celles qui y attachent du prix; ou, pour mieux dire, réservez votre temps et votre santé pour des objets plus nobles et plus dignes de vous, pour la défense de votre patrie, pour le bonheur de vos sujets. Hélas! milord, avec quelle joie un peuple tout entier vous reconnaîtrait-il pour son chef! avec quel empressement se presserait-il autour de vous, si vous montriez le désir de le défendre contre l'oppression du puissant, contre la violence de celui qui méprise les lois, contre la séduction de l'homme vicieux, et contre la tyrannie de l'hypocrite!

Le duc de Rothsay, dont les sentimens vertueux étaient aussi facilement excités qu'endormis, fut électrisé par l'enthousiasme avec lequel elle venait de parler. — Pardon si je vous ai alarmée, Catherine, lui dit-il; vous avez l'ame trop noble pour servir de jouet à un plaisir passager, et je me suis mépris en concevant cette pensée. Quand même votre naissance serait digne de la noblesse de votre esprit et de votre beauté, je n'ai pas un cœur à vous offrir; car ce n'est que par l'hommage du cœur qu'on peut en obtenir un comme le vôtre. Mais mes espérances ont été flétries, Catherine; la seule femme que j'aie véritablement aimée m'a été arrachée par une politique capricieuse, et l'on m'a forcé à prendre une épouse que je détesterai toujours, quand même elle aurait la douceur et la bonté qui peuvent seules rendre une femme aimable à mes yeux. Ma santé s'est délabrée dès ma première jeunesse; que me reste-t-il, si ce n'est de cueillir le peu de fleurs qui peuvent se présenter à moi sur le court passage de la vie au tombeau? Regardez mes joues animées par la fièvre; tâtez, si vous le voulez, mon pouls intermittent, et ayez pitié de moi, excusez-moi, si celui dont les droits, comme prince et comme homme, ont été foulés aux pieds et usurpés, éprouve de temps en temps quelque indifférence relativement aux droits des autres, et se laisse aller à l'égoïste désir du moment.

— O milord! s'écria Catherine avec l'enthousiasme qui appartenait à son caractère; mon cher lord, dirai-je, car l'héritier de Bruce doit être cher à tous les enfans de l'Écosse; que je ne vous entende point parler ainsi, je vous en supplie! Le plus illustre de vos ancêtres endura l'exil et la persécution, les maux de la famine et les dangers de la guerre pour rendre libre son pays; sachez prendre sur vous le même empire pour vous rendre libre vous-même. Arrachez-vous à ceux qui cherchent à s'aplanir le chemin des grandeurs en nourrissant vos faiblesses. Méfiez-vous de Ramorny. Vous ne le connaissez pas, j'en suis sûre; vous ne pouvez pas le connaître. Le misérable qui a pu chercher à porter une fille à se livrer à l'infamie, en menaçant la vie de son vieux père, est capable de tout ce qu'il y a de plus vil, de tout ce qu'il y a de plus traître.

— Ramorny a-t-il fait cette menace? demanda le prince.

— Il l'a faite, milord, et il n'oserait le nier.

— Je ne l'oublierai pas. Il a perdu mon amitié; mais il a beaucoup souffert pour moi, et je dois voir ses services honorablement récompensés.

— Ses services! Ah! milord! si les chroniques disent la vérité, de pareils services ont causé la ruine de Troie, et ont livré l'Espagne aux infidèles.

— Paix! jeune fille; parlez avec retenue, dit le prince en faisant un geste de la main. Notre conférence est terminée.

— Encore un mot, duc de Rothsay, dit Catherine d'un ton animé, tandis que ses beaux traits prenaient l'expression qu'auraient ceux d'un ange qui descendrait du ciel pour donner un avis; je ne puis dire ce qui me fait parler si hardiment; mais je sens la vérité dans mon cœur comme un feu qui le dévore, et je la dirai: — Quittez ce château, sans une heure de délai; l'air en est malsain pour vous. Congédiez ce Ramorny avant que dix minutes se soient écoulées : sa compagnie est dangereuse.

— Quelle raison avez-vous pour parler ainsi ?

— Aucune en particulier, milord, répondit Catherine presque intimidée de sa propre hardiesse ; aucune, peut-être, si ce n'est la crainte que votre sûreté ne soit compromise ici.

— L'héritier de Bruce ne doit pas écouter des craintes vagues, dit le prince... Holà, quelqu'un !

Ramorny entra, et salua avec respect le prince et même Catherine, qu'il regardait peut-être comme allant probablement être élevée au rang de sultane favorite, et par conséquent ayant droit à des égards respectueux.

— Ramorny, dit le prince, y a-t-il dans cette maison quelque femme de bonne renommée qui puisse tenir compagnie à cette jeune fille jusqu'à ce que nous l'envoyions où elle peut désirer d'aller ?

— S'il ne vous déplait pas d'entendre la vérité, milord, je dirai que c'est une denrée assez rare dans la maison de Votre Altesse : et, pour ne pas mentir, la chanteuse est celle qui a le plus de décence parmi nous.

— Qu'elle fasse donc compagnie à cette jeune personne, faute de mieux... Adieu, jeune fille ; prenez patience pendant quelques heures.

Catherine se retira.

— Quoi, milord, dit Ramorny, vous vous séparez si promptement de la Jolie Fille de Perth ! C'est véritablement abuser de la victoire.

— Il n'y a ici ni victoire ni défaite, répondit le duc d'un ton sec. Cette fille ne m'aime pas ; et je ne l'aime point assez pour me donner la peine de vaincre ses scrupules.

— Le chaste Malcolm la Vierge a revu le jour dans un de ses descendans, dit Ramorny.

— De grace, monsieur, demandez une trêve à votre esprit, dit le prince, ou cherchez un autre sujet pour lui donner carrière. Il est midi, je crois ; vous m'obligerez d'ordonner qu'on serve le dîné.

Ramorny se retira, mais Rothsay crut remarquer un sourire sur ses traits. Être en butte aux sarcasmes de cet homme, c'était pour lui un degré de contrariété peu ordinaire. Cependant il l'admit à sa table, et accorda même aussi cet honneur à Dwining. La conversation fut d'une gaieté qui allait jusqu'à la licence, le prince lui-même encourageant ce ton comme s'il avait eu dessein de faire oublier la sévérité de mœurs qu'il avait montrée dans la matinée, et que Ramorny, qui était versé dans la connaissance des anciennes chroniques, eut la hardiesse de comparer à la continence de Scipion.

Malgré la santé encore chancelante du duc de Rothsay, le repas se prolongea sans nécessité, et l'on oublia toutes les bornes de la tempérance. Soit que ce fût uniquement la suite de la force du vin qu'il avait bu, ou de la faiblesse de sa constitution ; soit, ce qui est plus probable, que Dwining eût frelaté le dernier verre de vin que le prince avait pris, il arriva que vers la fin du repas le duc tomba dans une sorte de sommeil léthargique dont il fut impossible de l'éveiller. Sir John Ramorny et Dwining le portèrent dans sa chambre, sans autre assistance que celle d'une autre personne, qui sera nommée ci-après.

Le lendemain matin, on annonça que le prince était attaqué d'une maladie contagieuse, et pour empêcher qu'elle ne se répandît dans toute la maison, personne ne fut admis à le servir que son ci-devant grand écuyer, son médecin Dwining et l'individu dont il a déjà été fait mention ; l'un d'eux semblait toujours rester dans l'appartement, tandis que les autres, dans leurs relations avec le reste de la maison, observaient les précautions propres à confirmer l'opinion qu'il était dangereusement attaqué d'une maladie contagieuse.

CHAPITRE XXXII.

Le destin de l'héritier imprudent du trône d'Écosse était bien différent de ce qu'on le supposait généralement dans l'intérieur du château de Falkland. Son oncle ambitieux avait résolu sa mort, comme étant le moyen d'abattre la première et la plus redoutable barrière qui existait entre sa propre famille et le trône. Jacques, second fils du roi, n'était encore qu'un enfant, et il pourrait s'en débarrasser plus à loisir. Les vues d'agrandissement de Ramorny, et le ressentiment qu'il avait conçu depuis peu contre son maître, en avaient fait un agent volontaire pour immoler le jeune Rothsay; et la cupidité de Dwining, jointe à la méchanceté naturelle de son caractère, l'y rendaient également disposé. Il avait été déterminé, avec la cruauté la plus froidement calculée, qu'on devait éviter avec soin tous moyens qui pourraient laisser derrière eux quelques traces de violence, et laisser sa vie s'éteindre par la privation des alimens qui devait détruire rapidement une constitution frêle et affaiblie. Le prince d'Écosse ne devait pas être assassiné; mais, comme Ramorny s'était exprimé dans une autre occasion, — il devait seulement cesser d'exister.

La chambre à coucher de Rothsay dans la tour de Falkland avait été bien choisie pour l'exécution de cet horrible complot. Un petit escalier étroit, dont l'existence était à peine connue, conduisait de là par une trappe dans les cachots souterrains du château, par un passage dont se servait le seigneur féodal quand il voulait visiter en secret, et sous quelque déguisement, les habitans de ces régions consacrées au désespoir. Ce fut par cet escalier que les scélérats transportèrent le prince, plongé dans un assoupissement léthargique, au fond d'un cachot si profondément creusé dans les entrailles de la terre, que ni les gémissemens ni les cris du captif ne pouvaient se faire entendre, tandis que la solidité de la porte, des gonds et de la serrure, aurait résisté long-temps aux efforts qu'on aurait faits pour l'enfoncer quand même on fût parvenu à en découvrir l'entrée. Bonthron, que l'on avait sauvé du gibet pour le faire participer à ce nouveau crime, devint l'instrument de Ramorny dans l'exécution de cet acte de cruauté inouïe contre son maître trahi.

Ce misérable retourna au cachot précisément à l'instant où le prince commençait à sortir de sa léthargie, et que, recouvrant le sentiment, il se sentit saisi d'un froid mortel, et chargé de fers qui lui permettaient à peine de faire un mouvement sur sa paille humide; sa première idée fut qu'il faisait un rêve horrible, — la seconde lui offrit un pressentiment confus de la vérité. — Il appela, il cria, il poussa des hurlemens de frénésie; mais nul secours n'arriva, et l'écho de la voûte de son cachot répondit seul à ses cris. L'agent de l'enfer entendit ces exclamations du désespoir, et en jouit comme d'une indemnité des sarcasmes et des reproches que lui avait adressés le prince, par suite de l'aversion qu'un mouvement d'instinct lui inspirait contre ce scélérat. Lorsque le malheureux jeune homme, épuisé et perdant tout espoir, garda le silence, le barbare résolut de se présenter aux yeux de son prisonnier; il tira les verroux, détacha la chaîne et ouvrit la porte. Rothsay se souleva, autant que ses fers le lui permettaient; une lueur rouge, qui se répandit dans le caveau, lui fit d'abord fermer les yeux, et quand il les rouvrit, ce fut pour reconnaître la figure sauvage d'un être qu'il avait tout lieu de regarder comme mort; il se laissa retomber sur sa paille avec horreur. — Je suis jugé et condamné, s'écria-t-il, et le plus abominable démon de l'enfer est envoyé pour me tourmenter.

— Je vis, milord, dit Bonthron, et pour que vous viviez et que vous jouissiez de la vie, mettez-vous sur votre séant, et mangez votre déjeuner.

— Délivre-moi de ces fers, dit le prince; tire-moi de ce cachot, et, quelque scélérat que tu sois, tu seras l'homme le plus riche d'Écosse.

— Quand vous me donneriez en or le poids de vos fers, répondit Bonthron, j'aimerais mieux vous en voir chargé que de posséder ce trésor. — Mais regardez, vous aimiez à faire bonne chère, voyez celle que je vous ai préparée. A ces mots le misérable, avec un sourire infernal, prenant un paquet qu'il portait sous le bras, écarta un morceau de cuir qui le couvrait, et faisant passer à plusieurs reprises la lumière de sa lampe devant l'objet qu'il apportait, il montra au malheureux prince la tête d'un bœuf, récemment séparée du corps, ce qui est connu en Écosse comme étant une annonce de mort inévitable; il la plaça au pied du lit, ou plutôt de la litière où le prince était étendu. Ménagez bien ces vivres, ajouta-t-il, car il est probable qu'il se passera du temps avant que vous ayez un autre repas.

— Dis-moi seulement une chose, misérable, dit Rothsay; Ramorny sait-il de quelle manière je suis traité?

— Sans cela, comment t'aurait-on attiré ici? répondit le meurtrier; pauvre bécasse, tu t'es laissé prendre au piège!

A ces mots, il ferma la porte, poussa les verroux, et laissa le prince infortuné dans les ténèbres, la solitude et le désespoir. — O mon père! mon père! s'écria-t-il, tu as véritablement été prophète! Le bâton sur lequel je m'appuyais est devenu un javelot. — Nous ne nous étendrons pas sur les heures et les jours qu'il passa ensuite en proie à toutes les souffrances et à tous les tourmens du corps et de l'esprit.

Mais la volonté du ciel n'était pas qu'un si grand crime fût commis avec impunité.

Catherine Glover et la chanteuse, quoique négligées par les autres habitans du château, qui semblaient n'être occupés que de la situation du prince, ne purent cependant obtenir la permission d'en sortir avant qu'on eût vu comment se terminerait cette maladie alarmante, et si elle était réellement contagieuse. Forcées de se faire société l'une à l'autre, ces deux femmes isolées devinrent compagnes, sinon amies, et leur union se resserra davantage quand Catherine eut appris que c'était précisément la chanteuse à cause de laquelle Henry Smith avait encouru son déplaisir.

Elle entendit avec transport cette jeune femme justifier complètement son protecteur, et lui donner toutes les louanges que méritait sa conduite; d'une autre part, Louise, qui sentait la supériorité de la condition et du caractère de Catherine, insistait volontiers sur un sujet qui paraissait lui plaire, et elle prouvait sa reconnaissance pour le brave armurier en répétant souvent la chanson du Bleu Bonnet, qui fut long-temps une chanson favorite en Écosse.

> O Bleu Bonnet, toujours fier et fidèle,
> De ta parole esclave en paladin,
> Toi dont le cœur est loyal pour ta belle,
> Comme ta lance est ferme dans ta main,
> Donne à mes chants un sacré caractère ;
> Puis-je en trouver un plus digne sujet ?
>   J'ai parcouru l'Europe entière,
>   Je n'ai trouvé qu'un Bleu Bonnet.
>
> Levant l'épée et brandissant la lance,
> Mes yeux ont vu la fleur des chevaliers
> De l'Allemagne et de la belle France
> Se couronner des plus nobles lauriers.
> J'ai vu les fils de la libre Angleterre,
> Sans se tromper, au but lancer un trait.
>   Mais dans l'Europe tout entière
>   Je n'ai trouvé qu'un Bleu Bonnet.

En un mot, quoique la profession peu honorable de la chanteuse eût été pour Catherine, en toute autre circonstance, un motif qui l'aurait empêchée d'en faire volontairement sa compagnie, cependant forcée comme elle l'était alors à passer avec elle les journées entières, elle trouva de la part de Louise toutes les prévenances d'une humble compagne.

Elles vécurent de cette manière quatre à cinq jours,

et, afin d'éviter, autant que possible, les regards et peut-être l'incivilité des domestiques, elles préparaient elles-mêmes leur nourriture dans leur appartement. Cependant, comme quelques relations avec les gens de la maison n'en étaient pas moins indispensables, Louise, plus accoutumée aux expédiens, plus hardie par habitude, et désirant plaire à Catherine, se chargeait volontairement de descendre à l'office pour demander à l'intendant ce qui était nécessaire pour leur repas frugal, qu'elle préparait ensuite avec toute la dextérité de son pays.

Louise était descendue dans ce dessein le sixième jour, un peu avant midi, et le désir de respirer un air frais, ou l'espoir de trouver une salade, quelques légumes ou quelques fleurs précoces pour orner leur table, la conduisit dans le petit jardin qui dépendait du château. Elle rentra dans l'appartement qu'elles occupaient dans la tour, pâle comme la mort, et agitée comme la feuille du tremble. Sa terreur se communiqua sur-le-champ à Catherine, qui eut à peine la force de lui demander quel nouveau malheur était arrivé.

— Le duc de Rothsay est-il mort?
— Pire! on le fait mourir de faim.
— Quelle folie, Louise!
— Non! non! non! non! s'écria Louise, respirant à peine, parlant bas, et si vite que l'oreille de Catherine pouvait à peine la suivre. Je cherchais quelques fleurs pour orner la table, parce que vous m'aviez dit hier que vous les aimiez. Mon pauvre petit chien entra dans un buisson d'ifs et de houx qui croissent parmi de vieilles ruines près du mur du château, et revint à moi

en jappant d'un ton plaintif. J'avançai pour voir quelle pouvait en être la cause, et j'entendis un gémissement comme de quelqu'un qui aurait été à toute extrémité, mais si faible qu'il semblait partir du centre de la terre. Enfin je vis qu'il sortait d'une fente dans la muraille, qui est couverte de lierre, et, quand j'en approchai l'oreille, je reconnus distinctement la voix du prince, qui disait : — Cela ne peut maintenant durer longtemps ; et alors il me sembla qu'il faisait une prière.

— Juste ciel! et lui avez-vous parlé?

— Je lui dis : — Est-ce-vous, milord? et il répondit : — Qui me donne ce nom par dérision? Je lui demandai en quoi je pouvais l'aider ; et il dit d'une voix que je n'oublierai jamais : — De la nourriture! je meurs de faim! — Je suis revenue sur-le-champ pour vous en informer. Que faire? donnerons-nous l'alarme dans la maison ?

— Hélas! au lieu de le secourir, ce serait peut-être accélérer sa perte.

— Mais que ferons-nous donc?

— Je n'en sais rien encore, répondit Catherine, prompte et hardie dans les occasions importantes, quoique ayant moins de dextérité que sa compagne pour trouver des ressources dans les occasions ordinaires ; je n'en sais rien encore, mais nous ferons quelque chose. Un descendant de Bruce ne périra point sans secours.

A ces mots, elle prit le vase qui contenait leur soupe et la viande qui avait servi à la faire, enveloppa dans un coin de son plaid quelques gâteaux fort minces qu'elle avait fait cuire sous la cendre, et faisant signe à sa compagne de la suivre avec un petit pot de lait qui faisait partie de leurs provisions, elle prit à la hâte le chemin du jardin.

—Oh! oh! notre belle vestale a quitté sa chambre, dit un domestique, la seule personne qu'elle rencontra; mais Catherine ne s'arrêta point, ne lui répondit rien, et elle arriva dans le jardin sans autre interruption.

Louise lui montra un tas de ruines couvertes de broussailles, qui se trouvait près du mur du château. C'étaient probablement les débris de quelque bâtiment en saillie qui y était joint autrefois, et dans lequel se terminait l'étroite ouverture qui communiquait avec le cachot, sans doute pour y donner de l'air. Le temps et la dégradation de la muraille avaient un peu élargi cette fente, de sorte qu'elle laissait pénétrer dans l'intérieur un faible rayon de lumière, quoique ceux qui entraient avec des torches ne pussent l'apercevoir.

—C'est le silence de la mort! dit Catherine après avoir écouté un instant avec attention. Juste ciel! il n'existe plus!

— Il faut risquer quelque chose, dit Louise en passant légèrement les doigts sur les cordes de sa viole.

Un soupir fut la seule réponse qui sortit de la profondeur du cachot.

Catherine alors se hasarda à parler : — Je suis ici, milord, je suis ici; je vous apporte de la nourriture.

—Ah! Ramorny! dit le prince, cette cruelle plaisanterie vient trop tard, je me meurs.

—Son esprit est égaré, pensa Catherine, et rien n'est moins étonnant. Mais tant que la vie reste, l'espérance subsiste.

— C'est moi, milord, c'est Catherine Glover. Je vous

apporte de la nourriture; mais je ne sais comment vous la faire passer.

— Que le ciel vous bénisse! Je croyais mes souffrances terminées; mais je les sens renaître en moi en entendant parler de nourriture.

— Je vous en apporte, milord : mais comment vous la faire passer? L'ouverture est si étroite! la muraille est si épaisse. Ah! j'en trouve un moyen. Oui! vite, Louise, coupez-moi une branche de saule, la plus longue que vous pourrez trouver.

La chanteuse obéit sur-le-champ, et Catherine ayant fendu le gros bout de la branche, elle transmit au prince par ce moyen les gâteaux qu'elle avait apportés et qu'elle trempa dans le bouillon pour qu'ils pussent lui servir en même temps de nourriture et de boisson.

L'infortuné jeune homme mangea peu, et avec beaucoup de difficulté; mais il appela toutes les bénédictions du ciel sur la tête de celle qui lui apportait ce secours. — Je voulais faire de vous la victime de mes vices, lui dit-il, et c'est vous qui cherchez à me sauver la vie! Mais retirez-vous; craignez qu'on ne vous voie.

— Je vous rapporterai de la nourriture dès que j'en trouverai l'occasion, dit Catherine. Mais en ce moment Louise la tira par la manche et l'avertit de garder le silence et de se cacher.

Toutes deux se couchèrent derrière les ruines, et elles entendirent Ramorny et Dwining causer ensemble en se promenant dans le jardin.

— Il est plus fort que je ne le pensais, dit le premier à demi-voix. Combien de temps résista Dalvolsey quand le chevalier de Liddesdale le tint enfermé dans son château de l'Hermitage?

— Quinze jours, répondit Dwining; mais c'était un homme robuste, et il trouva quelques secours dans le grain qui tombait d'un grenier situé au-dessus de sa prison.

— Ne vaudrait-il pas mieux finir l'affaire par une voie plus prompte? Douglas-le-Noir vient de ce côté. Il n'est pas dans le secret d'Albany; il demandera à voir le prince : il faut donc que tout soit terminé avant qu'il arrive.

Ils s'éloignèrent en continuant cette affreuse conversation.

— Maintenant regagnons la cour, dit Catherine à sa compagne, quand elle vit qu'ils avaient quitté le jardin. J'avais formé un plan pour m'échapper moi-même, je le ferai servir à sauver le prince. La laitière arrive ordinairement au château vers l'heure des vêpres, et elle a coutume de laisser sa mante dans le passage, quand elle va porter son lait à l'office. Prenez cette mante, couvrez-vous-en avec soin, et présentez-vous hardiment à la porte. Le portier est presque toujours ivre à cette heure; il vous prendra pour la laitière, et si vous montrez un peu de confiance, vous passerez la porte et le pont-levis sans qu'il songe à vous arrêter. Allons, courez chercher Douglas; c'est le secours le plus prompt, le seul secours que nous puissions espérer.

— Mais n'est-ce pas ce terrible seigneur qui m'a menacée d'une punition honteuse?

— Croyez-moi, Louise, des êtres tels que vous et moi ne restent pas une heure dans la mémoire de Douglas, ni en bien, ni en mal. Dites-lui que son gendre, que le prince d'Écosse meurt dans le château de Falkland; qu'il y meurt d'une mort lente amenée par la faim. Vous obtiendrez de lui non-seulement votre pardon, mais une récompense.

— Je me soucie peu de la récompense; une bonne action porte sa récompense avec soi. Mais il me semble qu'il est plus dangereux de rester ici que d'en partir. Que ce soit donc moi qui reste; je me chargerai de nourrir ce malheureux prince, et vous irez lui chercher du secours. S'ils me tuent avant que vous reveniez, je vous laisse ma viole, et je vous recommande mon pauvre Charlot.

— Non, Louise, vous êtes une voyageuse plus privilégiée et plus expérimentée que je ne le suis. C'est vous qui partirez, et si vous me trouvez morte à votre retour, ce qui n'est pas impossible, portez à mon pauvre père cet anneau et cette boucle de mes cheveux, et dites-lui que Catherine est morte en cherchant à sauver le sang de Bruce. Donnez aussi cette autre boucle à Henry, en lui disant que Catherine a pensé à lui jusqu'à son dernier moment; et s'il l'a trouvée trop scrupuleuse, relativement à l'effusion du sang des autres, il verra que ce n'était point à cause du prix qu'elle attachait au sien.

Elles s'embrassèrent en sanglotant, et elles passèrent le reste du jour jusqu'au soir à imaginer quelque meilleur moyen pour faire passer de la nourriture au prisonnier, et à construire un tube composé de roseaux creux, s'emboîtant les uns dans les autres, pour pouvoir lui transmettre des liquides. La cloche du village de Falkland sonna enfin les vêpres. La laitière arriva avec ses seaux pour apporter la provision ordinaire de lait; et pour raconter ou apprendre les nouvelles qui pouvaient courir. Dès qu'elle fut entrée dans l'office,

Louise se jetant de nouveau dans les bras de Catherine, et l'assurant d'une fidélité inviolable, descendit l'escalier en silence, portant Charlot sous son bras. Un moment après, Catherine, pouvant à peine respirer, la vit passer, d'un air fort tranquille, sur le pont-levis, couverte de la mante de la laitière.

— Hé! May Bridjet! cria le portier; vous vous en allez bien vite ce soir! On ne rit guères à l'office, n'est-ce pas? Maladie et gaieté ne vont pas de compagnie.

— J'ai oublié mes tailles, répondit la Provençale avec une présence d'esprit admirable; je vais les chercher, et je reviens en moins de temps qu'il n'en faudrait pour écrêmer une terrine de lait.

Elle continua sa marche, évita de passer par le village de Falkland, et prit un petit sentier qui traversait le parc. Catherine respira plus librement, et rendit graces à Dieu, quand elle la vit disparaître dans l'éloignement. Elle passa pourtant encore dans quelque inquiétude l'heure qui s'écoula avant qu'on s'aperçût de l'évasion de Louise; ce qui arriva aussitôt que la laitière, ayant employé une heure à faire ce qu'elle aurait pu terminer en dix minutes, découvrit, en se disposant à partir, que sa mante de frise grise avait disparu. On fit sur-le-champ une recherche exacte, et enfin les servantes de la maison se rappelèrent la chanteuse, et commencèrent à soupçonner qu'elle pouvait fort bien avoir voulu se procurer une mante neuve en remplacement d'une vieille. Le portier, questionné, soutint qu'il avait vu partir la laitière immédiatement après le dernier coup de vêpres, et la laitière se présentant elle-même pour démentir cette assertion, il ne trouva d'autre alternative que de dire que c'était le diable qui en avait pris la place.

Néanmoins, comme on chercha inutilement la chanteuse dans tout le château, on devina aisément la vérité ; et l'intendant alla avertir sir John Ramorny et Dwining, qui étaient alors presque inséparables, qu'une des captives s'était évadée. La moindre chose éveille les soupçons des coupables. Ils se regardèrent l'un l'autre d'un air consterné, et se rendirent ensemble sur-le-champ dans l'humble appartement de Catherine, afin de la prendre par surprise, autant que possible, et de l'interroger sur le fait de la disparition de Louise.

— Où est votre compagne, jeune femme? dit Ramorny d'un air de gravité sévère.

— Je n'ai pas de compagne ici, répondit Catherine.

— Ne plaisantez pas! reprit le chevalier. Je vous parle de la chanteuse qui habitait cette chambre avec vous.

— Elle est partie, à ce qu'on dit, répondit Catherine, partie il y a environ une heure.

— Et où est-elle allée? demanda Dwining.

— Comment saurais-je de quel côté peut porter ses pas une femme errante par profession? répondit Catherine. Elle était sans doute ennuyée de mener une vie solitaire, si différente de celle que lui offrent les danses, les festins et toutes les scènes joyeuses que lui procure son métier. Elle est partie, et ma seule surprise c'est qu'elle soit restée si long-temps.

— Et c'est tout ce que vous avez à me dire?

— Tout ce que j'ai à vous dire, sir John, répondit Catherine avec fermeté; et si le prince lui-même m'interrogeait, je ne pourrais lui en dire davantage.

— Il n'y a guère de danger qu'il vous fasse de nouveau l'honneur de vous parler en personne, dit Ramorny, quand même le malheur de le perdre serait épargné à l'Écosse.

— Le duc de Rothsay est-il donc si mal? demanda Catherine.

— Il n'y a de ressource que dans le ciel, répondit Ramorny en levant les yeux au plafond.

— En ce cas, puisse le ciel lui accorder son aide, dit Catherine, si les secours humains sont insuffisans !

— Amen ! dit Ramorny avec une gravité imperturbable, tandis que Dwining cherchait à donner à sa physionomie cette expression ; mais on eût dit que ce n'était pas sans une lutte pénible qu'il supprimait son air de triomphe malicieux, et ce sourire ironique qu'un discours qui avait une tendance religieuse ne manquait jamais d'appeler sur ses lèvres.

— Et ce sont des hommes, des habitans de la terre, et non des démons incarnés, pensa Catherine pendant que les deux inquisiteurs, trompés dans leur attente, sortaient de l'appartement, qui en appellent ainsi au ciel, tandis qu'ils boivent goutte à goutte le sang de leur maître infortuné ! — Pourquoi la foudre dort-elle? Mais elle grondera avant peu, et fasse le ciel que ce soit pour sauver comme pour punir !

L'heure du dîner offrit seule un moment pendant lequel, tout ce qui était dans le château étant occupé de ce repas, Catherine crut trouver l'occasion la plus favorable pour s'approcher du cachot du prince sans courir le risque d'être aperçue. En attendant cet instant, elle remarqua quelque mouvement dans le château, qui avait été silencieux comme le tombeau depuis l'emprisonnement du duc de Rothsay. Elle entendait lever et baisser la herse, et à ce bruit se joignait celui des pieds des chevaux, des hommes d'armes tantôt sortant du château, tantôt y rentrant, leurs coursiers couverts d'écume. Elle vit aussi que tous les individus qu'elle apercevait par hasard étaient armés. Toutes ces circonstances firent battre son cœur bien vivement, car elle en tirait la conséquence que le secours approchait, et d'ailleurs cette sorte d'agitation générale rendait le petit jardin plus solitaire que jamais. Enfin l'heure de midi arriva. Elle avait eu soin, sous prétexte de pourvoir à ses premiers besoins, auxquels l'intendant parut disposé à satisfaire, de se munir à l'office du genre de nourriture qu'il lui serait le plus facile de faire passer au malheureux prisonnier. Elle se rendit près des ruines; elle prononça quelques mots à voix basse pour l'avertir de son arrivée. Elle ne reçut aucune réponse. Elle parla plus haut, le même silence continua.

— Il dort. Elle murmura ces mots à demi-voix, et ils furent suivis d'un tressaillement, d'un frisson, et d'un cri d'effroi, quand elle entendit une voix répliquer derrière elle :

— Oui, il dort, mais c'est pour toujours.

Elle se retourna, et vit derrière elle sir John Ramorny, armé de pied en cap; mais la visière de son casque était levée, et il avait l'air d'un homme prêt à mourir, plutôt que d'un chevalier disposé à combattre. Il prononça ces mots d'un ton grave, tenant une sorte de milieu entre celui qu'aurait pu prendre le calme observateur d'un événement important, et celui de l'agent lui-même de la catastrophe.

— Catherine, continua Ramorny, ce que je vous dis

est vrai. Il est mort; vous avez fait pour lui tout ce qui vous était possible, vous ne pouvez en faire davantage.

— Je ne puis ni ne veux le croire, dit Catherine. Que le ciel me protège! Penser qu'un tel forfait a pu s'accomplir, ce serait douter de la Providence.

— Il ne faut pas douter de la Providence, Catherine, parce qu'elle a permis qu'un homme dépravé fût victime de ses propres vices. Suivez-moi, j'ai à vous parler de choses qui vous concernent. Suivez-moi, vous dis-je, ajouta Ramorny en voyant qu'elle hésitait, à moins que vous ne préfériez rester à la merci de cette brute de Bonthron, ou du médecin Henbane Dwining.

— Je vous suivrai, dit Catherine; vous ne pouvez me faire plus de mal que le ciel ne le permettra.

Il la fit rentrer dans la tour, et lui fit monter ensuite escaliers sur escaliers, échelles sur échelles.

La résolution de Catherine lui manqua. — Je n'irai pas plus loin, dit-elle; où voulez-vous me conduire? si c'est à la mort, je puis mourir ici.

— Je vous conduis seulement sur les murailles, folle, répondit Ramorny en ouvrant une porte qui donnait entrée sur la plate-forme de la tour, où des soldats préparaient les mangonneaux (ainsi qu'on appelait alors des machines de guerre pour lancer des traits ou des pierres), apprêtaient les arbalètes, et empilaient de grosses pierres. Mais les défenseurs du château n'étaient guère plus de vingt, et Catherine crut remarquer en eux des symptômes de doute et d'irrésolution.

— Catherine, dit Ramorny, je ne dois pas quitter ce poste, d'où dépend la défense du château; mais je puis vous parler ici aussi bien que partout ailleurs.

— Parlez, je suis prête à vous entendre.

— Vous vous êtes procuré la connaissance d'un secret dangereux; avez-vous assez de fermeté pour le garder?

— Je ne vous comprends pas, sir John.

— Vous me comprenez, vous savez que j'ai fait périr... assassiné, si vous le voulez, mon ancien maître le duc de Rothsay. Il n'a pas été difficile d'éteindre l'étincelle de vie que vous cherchiez à entretenir. Ses dernières paroles furent pour appeler son père. Vous chancelez; armez-vous de force, vous avez encore autre chose à entendre. Vous connaissez le crime, mais vous ne savez pas quelles sont les provocations qui l'ont fait commettre. Voyez! ce gantelet est vide, j'ai perdu la main droite à son service, et quand je me suis trouvé hors d'état de le servir plus long-temps, il m'a chassé loin de lui comme un chien boiteux qui ne peut plus suivre le gibier; cette perte cruelle est devenue l'objet de ses sarcasmes, et il m'a recommandé le cloître au lieu des salons et des plaisirs qui étaient ma sphère naturelle. Songez à cela! vous aurez pitié de moi, et vous m'aiderez.

— En quoi avez-vous besoin de mon aide? demanda Catherine toute tremblante : je ne puis ni réparer votre perte, ni empêcher que le crime n'ait été commis.

— Mais vous pouvez garder le silence sur ce que vous avez vu et entendu dans le jardin. Je ne vous demande que l'oubli, car je sais qu'on ajoutera foi à vos paroles, soit que vous attestiez ce qui s'est passé, soit que vous consentiez à le nier. Quant au témoignage de votre compagne, de cette coureuse étrangère, il ne pèsera pas la tête d'une épingle. Si vous m'accordez ma demande, votre parole sera ma garantie, et j'ouvrirai la porte de ce château à ceux qui s'en approchent en ce moment ; si vous ne me promettez pas le silence, je le défendrai jusqu'à ce qu'il ne reste pas un seul homme vivant sur les murailles, et je vous précipiterai du haut de ce parapet. Oui, examinez-en la hauteur, ce n'est point un saut facile à faire, sept escaliers vous ont fait monter ici fatiguée et hors d'haleine ; mais vous en descendrez en moins de temps qu'il ne vous en faudrait pour soupirer. Parlez, la Jolie Fille, et songez que vous avez affaire à un homme qui n'a nulle envie de vous nuire, mais dont la résolution est arrêtée.

Catherine épouvantée n'avait pas la force de répondre à un homme qui paraissait si désespéré ; mais l'arrivée de Dwining lui épargna la nécessité de le faire. Il s'approcha du chevalier avec cet air d'humilité qui lui était ordinaire, et avec ce sourire ironique mal déguisé, qui donnait un démenti à ses manières.

— J'ai tort, noble chevalier, de me présenter devant Votre Vaillance, quand vous êtes occupé avec une belle damoiselle ; mais j'ai une question à vous faire sur une bagatelle.

— Parle, bourreau ! De mauvaises nouvelles sont un jeu pour toi, même quand elles te menacent, pourvu qu'elles soient aussi menaçantes pour d'autres.

— Hé ! hé ! hé ! hem ! Je désirais seulement savoir si Votre Seigneurie avait dessein d'entreprendre la tâche chevaleresque de défendre ce château à l'aide de sa seule main. Pardon, je voulais dire à l'aide de son bras seul. La question n'est pas sans intérêt, car je ne puis aider que bien peu à la défense, à moins que vous ne puissiez persuader aux assiégeans de prendre médecine. Hé !

hé! hé! Bonthron est aussi ivre qu'il peut le devenir par le moyen de l'ale et de l'eau-de-vie, et lui, vous et moi, nous composons toute la partie de la garnison qui soit disposée à faire résistance.

— Comment! ces autres chiens ne se battront-ils pas?

— Je n'ai jamais vu personne qui en montrât une si faible velléité, jamais. Mais tenez, en voici deux. *Venit summa dies.* Hé! hé! hé!

Eviot et Buncle s'approchèrent avec un air de sombre résolution, en hommes qui avaient bien pris le parti de braver l'autorité à laquelle ils avaient obéi si longtemps.

— Comment! s'écria Ramorny en marchant à leur rencontre; pourquoi avez-vous abandonné votre poste? Pourquoi avez-vous quitté la redoute, Eviot? Et vous, drôle, ne vous ai-je pas chargé de veiller aux mangonneaux?

— Nous avons un mot à vous dire, sir John Ramorny, répondit Eviot; et c'est que nous ne combattrons pas pour cette querelle.

— Quoi! mes écuyers vouloir me faire la loi!

— Nous étions vos écuyers, vos pages, sir John, quand vous étiez grand-écuyer de la maison du duc de Rothsay. Le bruit court que le duc a cessé de vivre: nous désirons savoir la vérité.

— Quel est le traître qui ose répandre de pareils mensonges? demanda Ramorny.

— Tous ceux qui sont sortis du château pour aller à la découverte, et moi parmi les autres, y ont rapporté la même nouvelle. La chanteuse qui s'est évadée hier a répandu partout le bruit que le duc de Rothsay a été assassiné ou est sur le point de l'être. Douglas arrive avec une force imposante, et...

— Et vous voulez profiter d'un bruit mensonger pour trahir votre maître, lâches que vous êtes ? s'écria Ramorny avec indignation.

— Sir John, dit Eviot, trouvez bon que Buncle et moi nous voyions le duc de Rothsay, et que nous recevions directement ses ordres, et si nous ne défendons pas ensuite le château jusqu'à la mort, je consens à être pendu sur la tour la plus haute. — S'il est mort de mort naturelle, nous ouvrirons le château au comte de Douglas, qui est, dit-on, lieutenant-général du royaume. — Mais si, ce qu'à Dieu ne plaise ! le noble prince est mort assassiné, nous ne nous rendrons pas complices de ses meurtriers, quels qu'ils puissent être, en prenant leur défense.

— Eviot, dit Ramorny en levant son bras mutilé, si ce gantelet n'eût pas été vide, tu n'aurais pas vécu assez long-temps pour prononcer deux mots de ce discours insolent.

— N'importe, répondit le page, nous ne faisons que notre devoir. Je vous ai suivi long-temps, sir John ; mais à présent je retiens la bride.

— Adieu donc ! et malédiction sur vous tous ! s'écria le chevalier courroucé. Qu'on prépare mon cheval.

— Sa Vaillance va prendre la fuite, dit Dwining à Catherine, dont il s'était approché sans qu'elle s'en aperçût. Catherine, vous êtes une folle superstitieuse, comme la plupart des femmes ; cependant vous n'êtes pas sans esprit, et je vous parle comme à un être doué de plus d'intelligence que ce troupeau de buffles qui nous entourent. — Ces orgueilleux barons qui dominent le monde, que sont-ils dans le jour de l'adversité ? De la paille d'avoine que disperse le vent. — Que leurs mains frappent comme des marteaux, que leurs jambes, semblables à des piliers, éprouvent quelque accident, adieu les braves hommes d'armes ; le cœur et le courage ne sont rien pour eux, les membres et l'agilité sont tout. — Donnez-leur la force animale, ce sont des taureaux furieux.— Parvenez à les en priver, et vos héros de la chevalerie ne sont plus que des chevaux dont on a coupé les jarrets. Il n'en est pas de même du sage. Tant qu'il reste un grain de bon sens dans son corps froissé et mutilé, son esprit est aussi fort que jamais. — Catherine, ce matin je méditais votre mort ; mais il me semble que je ne suis pas fâché que vous me surviviez, afin que vous puissiez dire de quelle manière le pauvre apothicaire, le doreur de pilules, le pileur de drogues, le vendeur de poison, a subi son destin, en la compagnie du noble chevalier de Ramorny, vrai baron de fait, et comte de Lindores en perspective. — Que Dieu sauve Sa Seigneurie.

— Vieillard, dit Catherine, si vous êtes réellement si près de subir le destin que vous avez mérité, d'autres pensées vous conviendraient mieux que la vaine gloire d'une philosophie frivole. — Demandez à voir un saint homme qui...

— Oui, répliqua Dwining d'un ton méprisant, que je m'adresse à un moine crasseux qui... — Hé ! hé ! hé ! — qui ne comprend pas le latin barbare qu'il répète par routine. Ce serait un excellent conseiller pour un homme qui a étudié en Espagne et en Arabie ! Non, Catherine, je me choisirai un confesseur qu'on puisse regarder avec plaisir, et c'est vous qui serez honorée de cette fonction.

—Maintenant, jetez les yeux sur Sa Vaillance. La sueur coule sur ses sourcils. — Ses lèvres tremblent de crainte...; car Sa Vaillance... — Hé! hé! hé! — plaide pour sa vie devant ses domestiques, et n'a pas assez d'éloquence pour les déterminer à lui permettre de s'enfuir. — Voyez comme les muscles de sa physionomie travaillent, tandis qu'il supplie ces brutes, ces ingrats, qui lui ont eu tant d'obligations, de lui laisser, pour sauver sa vie, la même chance qu'a le lièvre poursuivi par les lévriers. — Voyez aussi l'air sombre et déterminé avec lequel ces traîtres, la tête baissée, et comme flottant entre la contrainte et la honte, refusent à leur maître cette pauvre et dernière ressource. — Ces êtres vils se croient cependant supérieurs à un homme comme moi; et vous, folle que vous êtes, vous vous faites une idée assez basse de votre Dieu, pour supposer que de pareils misérables soient l'ouvrage de sa toute-puissance!

— Non, esprit malfaisant, s'écria Catherine avec chaleur; le Dieu que j'adore a doué ces hommes, en les créant, des attributions nécessaires pour le connaître et l'adorer, pour aimer et défendre leurs semblables, pour vivre dans la sainteté, et pratiquer toutes les vertus. Ce sont leurs vices et les tentations du malin esprit qui les ont rendus ce qu'ils sont. Oh! puisse cette leçon faire impression sur votre cœur de roche! Dieu vous a donné plus de connaissances qu'aux autres; il vous a accordé des yeux capables de pénétrer dans les secrets de la nature, un esprit intelligent, une main habile; mais l'orgueil a empoisonné ces dons précieux, et a fait de vous un athée impie, quand vous auriez pu être un sage chrétien.

— Athée, dites-vous? répondit Dwining; il est possible que j'aie quelques doutes à ce sujet; mais ils seront bientôt résolus. Je vois arriver quelqu'un qui m'enverra, comme il en a déjà envoyé tant d'autres, dans un lieu où tous les mystères seront éclaircis.

Les yeux de Catherine suivirent la direction de ceux du médecin vers une percée de la forêt, et elle la vit occupée par un corps nombreux de cavaliers qui arrivaient au grand galop. Une bannière était déployée au milieu d'eux, et quoique Catherine ne pût voir les armoiries qui y étaient brodées, le murmure qui s'éleva autour d'elle lui apprit que c'était celle de Douglas-le-Noir. Ils s'arrêtèrent à la portée d'un trait. Un héraut, suivi de deux trompettes, s'approcha de la porte, et ceux-ci ayant sonné de leurs instrumens, il demanda qu'on l'ouvrît à noble et puissant seigneur Archibald, comte de Douglas, lieutenant-général du royaume, revêtu des pleins-pouvoirs de Sa Majesté; commandant en même temps à la garnison du château de mettre bas les armes, sous peine de haute trahison.

— Vous l'entendez, dit Eviot à Ramorny, qui avait encore un air sombre d'indécision, donnerez-vous ordre de rendre le château, ou faut-il que je...?

— Non, drôle! s'écria le chevalier, je commanderai jusqu'au dernier instant. — Qu'on ouvre les portes, qu'on baisse le pont-levis, et qu'on rende le château à Douglas.

— Voilà ce qu'on peut appeler une excellente preuve de libre arbitre, dit Dwining. C'est précisément comme si ces instrumens de cuivre que nous venons d'entendre prétendaient que les sons qu'en ont tirés deux soldats enroués leur appartiennent.

— Malheureux vieillard, dit Catherine, ou gardez le silence, ou dirigez vos pensées vers l'éternité, qui est sur le point de commencer pour vous.

— Et que vous importe? répondit Dwining. Vous ne pouvez vous empêcher d'entendre ce que je vous dis, et vous ne manquerez pas de le répéter ensuite; car c'est encore ce dont aucune femme ne peut s'empêcher. Perth et toute l'Écosse sauront quel homme on a perdu en perdant Henbane Dwining.

Le cliquetis des armures annonça que les nouveaux venus avaient mis pied à terre, étaient entrés dans le château, et en désarmaient la petite garnison. Douglas lui-même parut sur les murailles avec quelques hommes de sa suite, et il leur fit signe de s'emparer de la personne de Ramorny et de celle de Dwining. D'autres amenèrent devant lui Bonthron qu'ils avaient trouvé dans quelque coin, et qui était plongé dans la stupeur de l'ivresse.

— Ces trois hommes sont les seuls qui aient eu accès près du prince pendant sa prétendue maladie, demanda Douglas, continuant une enquête qu'il avait commencée en entrant dans le vestibule.

— Personne ne l'a vu, répondit Eviot; et cependant j'avais offert mes services.

— Conduis-nous dans l'appartement du duc, et qu'on y amène les prisonniers. Il doit aussi se trouver une femme dans le château, si elle n'a pas été assassinée ou congédiée; — la compagne de la chanteuse qui a donné la première alarme.

— La voici, milord, dit Eviot faisant avancer Catherine vers le comte.

Sa beauté et son agitation firent quelque impression même sur l'impassible Douglas.

— Ne crains rien, jeune fille, lui dit-il; tu as mérité des éloges et des récompenses. — Dis-moi, comme si tu étais à confesse, tout ce que tu as vu dans ce château.

Quelques mots suffirent à Catherine pour raconter tout ce qu'elle savait de cette déplorable histoire.

— Cela s'accorde de point en point avec le récit de la chanteuse, dit Douglas. Maintenant rendons-nous à l'appartement du prince.

Ils entrèrent dans la chambre que l'infortuné duc de Rothsay avait été censé habiter, mais on ne put trouver la clef de la porte, et Douglas fut obligé de la faire enfoncer. Dès qu'ils y furent, ils virent les restes décharnés du prince, qui semblaient avoir été jetés à la hâte sur son lit. Cependant il paraissait, d'après divers préparatifs, que les meurtriers avaient eu le dessein d'arranger décemment son corps de manière à lui donner un air de mort naturelle, mais ils avaient été déconcertés par l'évasion de Louise. Douglas fixa les yeux sur les restes de ce jeune prince, que ses caprices et ses passions désordonnées avaient conduit à une fin si prématurée, à une catastrophe si fatale.

— J'avais des injures à venger, dit-il, mais à la vue d'un tel spectacle il est impossible de s'en souvenir.

— Hé! hé! hé! Les choses auraient été arrangées plus au goût de votre omnipotence, dit Dwining; mais vous êtes arrivé trop soudainement, et un maître trop pressé est toujours négligemment servi.

Douglas ne parut pas entendre ce que disait son prisonnier, tant il était occupé à regarder les traits défaits et les membres décharnés du cadavre qu'il avait sous les yeux. Catherine, hors d'état de soutenir cette vue plus long-temps, et prête à perdre connaissance, reçut enfin la permission de se retirer. Au milieu de la confusion qui régnait dans tout le château, elle parvint à regagner son appartement, où elle fut pressée entre les bras de Louise qui était revenue à la suite de la cavalerie.

Cependant Douglas continua son enquête. On trouva serrée dans la main du prince une touffe de cheveux dont la couleur et la dureté ressemblaient parfaitement aux crins noirs de Bonthron. Ainsi, quoique la faim eût commencé cette œuvre de mort, il paraissait qu'un acte de violence avait terminé les jours de Rothsay. L'escalier dérobé conduisant au cachot, dont les clefs étaient attachées à la ceinture de l'assassin subalterne; — la situation de ce cachot; — la fente à la muraille, près du tas de ruines; — la misérable litière de paille, et les fers qui étaient restés, étaient autant de preuves de la vérité des déclarations de Catherine et de Louise.

— Nous n'hésiterons pas un instant, dit Douglas à son proche parent, lord Balveny, dès qu'ils furent sortis du cachot. Qu'on emmène les meurtriers, et qu'on les pende sur le haut de la tour!

— Mais, milord, il pourrait être à propos d'observer quelques formes de jugement, répondit Balveny.

— A quoi bon? dit Douglas. Je les ai surpris en flagrant délit, et je puis prendre sur moi d'ordonner leur exécution. — Un instant pourtant. — N'avons-nous pas dans notre troupe quelques hommes de Jedwood?

— Nous ne manquons ni de Turnbulls, ni de Rutherfords, ni d'Ainslies, etc., répondit lord Balveny.

— Eh bien, reprit le comte, chargez-les de faire une enquête. Ce sont des hommes loyaux, de braves gens, si ce n'est qu'ils font un peu de tout pour vivre. Faites-moi exécuter ces scélérats, tandis que je tiendrai une cour de justice dans la grande salle, et nous verrons qui aura le plus tôt fini sa besogne, du jury ou du maréchal-prévôt. — Nous rendrons justice à la Jedwood : Pendez à la hâte, et jugez à loisir !

— Un instant, milord, s'écria Ramorny, vous pouvez vous repentir de votre précipitation. — Me permettrez-vous de vous dire un mot en particulier ?

— Non pour le monde entier, s'écria Douglas. Dis tout haut ce que tu as à dire, et devant tous ceux qui sont ici.

— Sachez donc tous, dit Ramorny à voix haute, que ce noble comte avait reçu du duc d'Albany et de moi-même, par la main de ce traître, de ce lâche Buncle, — qu'il le nie s'il le peut, — des lettres conseillant d'écarter quelque temps le duc de Rothsay de la cour, et de le tenir en retraite dans ce château de Falkland.

— Mais pas un mot de le jeter dans un cachot ; — de le faire périr de faim ; — de l'étrangler, répliqua Douglas avec un sourire austère. — Faites emmener ces scélérats, Balveny ; ils souillent trop long-temps l'air que Dieu nous permet de respirer.

On conduisit les prisonniers sur le haut de la tour. Mais pendant qu'on y faisait les préparatifs de leur exécution, l'apothicaire exprima un désir si ardent, pour le bien de son ame, disait-il, de revoir encore une fois Catherine, qu'elle consentit à remonter sur la plate-forme, et à être témoin d'une scène contre laquelle son cœur se révoltait, dans l'espoir que l'endurcissement de Dwining aurait fait place à de meilleurs sentimens, à l'approche de ses derniers momens. Un seul regard lui fit voir Bonthron plongé dans la stupeur la plus complète que l'ivresse puisse produire; Ramorny, dépouillé de son armure, cherchant en vain à cacher sa crainte, et conversant avec un prêtre dont il avait demandé le secours; et Dwining ayant le même air d'humilité basse et rampante qu'elle lui avait toujours connu. Il tenait en main une petite plume d'argent, avec laquelle il venait d'écrire quelques mots sur un morceau de parchemin.

— Catherine, dit-il, je désire; — hé! hé! hé! — je désire vous parler de la nature de ma foi religieuse.

— Si tel est votre dessein, pourquoi perdre avec moi un temps si précieux? — Adressez-vous à ce bon père.

— Ce bon père est déjà; — hé! hé! hé! — un adorateur de la divinité que j'ai servie. Je désire donc procurer à l'autel de mon idole une nouvelle adoratrice en vous, Catherine. Cet écrit vous apprendra comment vous pouvez entrer dans ma chapelle; où j'ai si souvent offert mes hommages en sûreté au Dieu que je me suis fait. Je vous laisse, à titre de legs, toutes les images qu'il contient; uniquement parce que je vous hais et vous méprise un peu moins que ces misérables et absurdes créatures que j'ai été obligé jusqu'ici d'appeler mes semblables. — Et maintenant retirez-vous; ou plutôt restez, et vous verrez que la fin du charlatan ne démentira pas sa vie.

— A Notre-Dame ne plaise! dit Catherine.

— Maintenant, reprit Dwining, je n'ai plus qu'un seul mot à dire; et ce noble lord peut l'entendre si bon lui semble.

Lord Balveny s'approcha avec quelque curiosité; car l'air de résolution déterminée d'un homme qui n'avait jamais manié une épée, ni porté une armure, et qui n'était à l'extérieur qu'un pauvre nain maigre et hideux, lui paraissait quelque chose qui ressemblait à de la sorcellerie.

— Vous voyez ce petit instrument, dit l'apothicaire en montrant la plume d'argent; eh bien, il peut me fournir le moyen d'échapper au pouvoir de Douglas-le-Noir lui-même.

— Ne lui donnez ni encre ni parchemin, s'écria Balveny à la hâte; il écrirait un charme.

— Hé! hé! hé! ce n'est pas cela, n'en déplaise à Votre Sagesse et à Votre Vaillance, dit Dwining en dévissant le haut de la plume, formant un petit étui, où il prit quelque chose qui semblait un morceau d'éponge ou quelque substance semblable, mais qui n'était pas plus gros qu'un pois. A présent, faites attention!... Il fit passer entre ses lèvres ce qu'il venait de prendre.— L'effet en fut instantané. Il tomba, et ce n'était déjà plus qu'un cadavre, mais dont les traits exprimaient encore une ironie méprisante.

Catherine poussa un grand cri, et descendit précipitamment pour se soustraire à ce spectacle horrible. Lord Balveny resta un moment dans la stupeur de la surprise, après quoi il s'écria : — Ceci peut être de la magie! Pendez-le! mort ou vif; pendez-le! Si son infâme esprit ne s'est retiré que pour un temps, il ne retrouvera du moins à son retour qu'un cou disloqué.

On obéit à cet ordre, et il donna ensuite celui de procéder à l'exécution de Bonthron et de Ramorny. Le premier fut pendu avant qu'il eût l'air de bien comprendre ce qu'on voulait faire de lui. Ramorny, pâle comme la mort, mais conservant encore le même esprit d'orgueil qui avait causé sa ruine, fit valoir son rang de chevalier, et réclama le privilège de mourir par le glaive, et non par la corde.

— Douglas ne change jamais rien aux sentences qu'il prononce, répondit Balveny. Cependant les privilèges seront respectés. — Qu'on fasse venir ici le cuisinier avec son couperet! — Le cuisinier ne tarda pas à se rendre à ses ordres. — Pourquoi trembles-tu? drôle! dit lord Balveny. Brise-moi avec ton couperet les éperons dorés qui sont aux talons de cet homme. — Bien! Maintenant, John Ramorny, tu n'es plus chevalier; tu es un roturier, et tu peux figurer au gibet. — Maréchal-prévôt, pendez-le entre ses deux compagnons, et plus haut qu'eux, s'il est possible.

Un quart d'heure après, Balveny alla informer Douglas que les criminels étaient exécutés.

— En ce cas, il n'y a plus besoin de jugement, répondit le comte. Mais qu'en dites-vous, messieurs les jurés? ces trois hommes étaient-ils coupables de haute trahison; — oui ou non?

— Coupables, répondirent les jurés complaisans avec une unanimité édifiante; nous n'avons pas besoin d'autres preuves.

— Qu'on sonne donc le boute-selle, dit Douglas, et montons à cheval. Nous n'emmènerons qu'une suite peu nombreuse. Que chacun garde le silence sur tout ce qui s'est passé ici jusqu'à ce que le roi en soit informé, ce qui ne pourra avoir lieu qu'après le combat du dimanche des Rameaux. Lord Balveny, choisissez les hommes qui nous accompagneront, et prévenez-les, ainsi que ceux qui resteront ici, que quiconque jasera sera puni de mort.

Quelques minutes après, Douglas était à cheval avec le cortège qui devait le suivre. Il envoya un exprès à sa fille, la duchesse veuve de Rothsay, pour l'avertir de se rendre à Perth en suivant les côtes du Lochleven, sans approcher de Falkland, et il confia à ses soins Catherine Glover et Louise, comme deux jeunes personnes à la sûreté desquelles il prenait intérêt.

Comme ils traversaient la forêt ils jetèrent un regard en arrière, et ils virent les corps des trois criminels qui ne semblaient plus que trois points noirs sur la plus haute tour du château.

— La main est punie, dit Douglas ; mais qui accusera la tête qui a conçu ce forfait?

— Vous voulez dire le duc d'Albany? dit Balveny.

— Oui, mon cher parent, répondit Douglas, et si je suivais l'impulsion de mon cœur, je l'accuserais de ce crime ; car je ne doute pas qu'il ne l'ait autorisé. Mais il n'en existe d'autre preuve que de forts soupçons, et Albany s'est attaché les nombreux amis de la maison de Stuart; et, dans le fait, la faiblesse du roi et la conduite désordonnée de Rothsay ne leur laissaient pas le choix d'un autre chef. Si j'allais donc rompre les nœuds de l'union que j'ai si récemment formée avec Albany, il en résulterait une guerre civile qui serait la ruine de la pauvre Écosse, dans un moment où elle est menacée d'une invasion par l'activité de Percy, appuyée de la trahison de March. Non, Balveny, il faut laisser au ciel le soin du châtiment d'Albany, et, dans le temps que sa sagesse aura choisi, sa vengeance éclatera sur lui et sur sa maison.

CHAPITRE XXXIII.

Nous rappellerons maintenant au souvenir de nos lecteurs que Simon Glover et sa fille avaient été forcés de quitter à la hâte leur demeure, sans avoir le temps d'instruire Henry Smith de leur départ et de la cause alarmante qui l'occasionait. Quand donc l'amant arriva dans Curfew-Street le matin de leur fuite, au lieu de la réception cordiale du bon bourgeois, et de l'accueil semblable au temps d'avril, c'est-à-dire moitié soleil, moitié pluie, qui lui avait été promis de la part de l'aimable fille de Simon, il apprit seulement la nouvelle désolante que son père et elle étaient partis de grand matin, avec un étranger qui se cachait le visage avec grand soin pour ne pas être reconnu. Dorothée, dont le lecteur connaît déjà les talens pour anticiper le mal et pour communiquer les mêmes idées aux autres, jugea à propos d'y ajouter qu'elle ne doutait pas que son maître et sa jeune maîtresse ne fussent partis pour les montagnes, afin d'éviter la visite de deux ou trois appariteurs qui, au nom d'une commission nommée par le roi, étaient arrivés dans la maison après leur départ, y avaient fait une perquisition, avaient apposé leurs sceaux sur tous les endroits qui pouvaient contenir des papiers, et avaient laissé pour le père et la fille une sommation de comparaître un certain jour devant la cour de commission, à peine d'être déclarés proscrits. Dorothée eut soin de peindre tous ces détails alarmans sous les couleurs les plus sombres, et la seule consolation qu'elle offrit à l'amant affligé fut de l'informer que son maître l'avait chargée de lui dire de rester tranquillement à Perth, et qu'il recevrait bientôt de leurs nouvelles. Cet avis changea la première résolution de Smith, qui avait été de les suivre sur-le-champ sur les montagnes, et de partager le destin qui pouvait leur être réservé.

D'ailleurs, quand il réfléchit aux différentes querelles qu'il avait eues avec divers individus du clan de Quhele, et surtout à son altercation personnelle avec Conachar, qui était alors devenu un chef puissant, il ne put s'empêcher de penser que son arrivée, peu désirée sur le lieu où ils avaient trouvé une retraite, pouvait nuire à leur sûreté, au lieu de leur être de quelque utilité. Il connaissait l'intimité habituelle de Simon avec le chef du clan de Quhele, et il en concluait justement que Glover y jouissait d'une protection que sa présence rendrait peut-être moins certaine, tandis que sa prouesse personnelle ne pouvait être pour lui qu'une bien faible ressource dans une querelle avec tout une tribu de montagnards vindicatifs. Cependant son cœur battait en même temps d'indignation quand il songeait que Catherine était au pouvoir du jeune Conachar, qu'il regardait comme un rival déclaré, et qui avait alors tant de moyens de faire valoir ses prétentions. Ce jeune Chef ne pouvait-il faire de la main de la fille le prix de la sûreté du père ? Il croyait pouvoir compter sur l'affection de Catherine ; mais elle avait tant de désintéressement dans sa manière de penser, et une tendresse si vive pour son père, que si l'attachement qu'elle avait pour son amant était mis en balance contre la sûreté, peut-être contre la vie de celui à qui elle devait le jour, il ne pouvait guère douter que le premier sentiment ne se trouvât le plus léger. Tourmenté par des pensées sur lesquelles nous n'avons pas besoin d'insister plus long-temps, il résolut pourtant de rester chez lui, d'étouffer ses inquiétudes autant qu'il le pourrait, et d'attendre les nouvelles que le vieillard lui avait fait promettre. Elles arrivèrent, mais elles ne rendirent pas la tranquillité à son esprit.

Sir Patrice Charteris n'avait pas oublié sa promesse de communiquer à l'armurier les projets des fugitifs. Mais, au milieu du tumulte qui fut occasioné par le mouvement des troupes, il ne put lui en porter lui-même la nouvelle. Il chargea donc son agent Henshaw de la lui apprendre. Or ce digne personnage était, comme le lecteur le sait, dans les intérêts de Ramorny, à qui il importait de cacher à tout le monde, et surtout à un amant aussi actif et aussi entreprenant que Henry, le lieu véritable de la résidence de Catherine. Henshaw annonça donc à l'armurier inquiet que son ami Glover était en sûreté dans les montagnes, et, quoiqu'il affectât d'être plus réservé relativement à Catherine, il ne dit rien qui pût l'empêcher de continuer à croire qu'elle était, ainsi que son père, sous la protection du clan de Quhele. Mais il réitéra, au nom de sir Patrice, l'assurance que le père et la fille étaient en parfaite sûreté, et que Henry ne pouvait mieux consulter ses propres intérêts et les leurs qu'en attendant tranquillement le cours des événemens.

Le cœur déchiré, Henry Gow résolut donc de ne faire aucune démarche jusqu'à ce qu'il eût reçu des nouvelles plus certaines, et il s'occupa à finir une cotte de mailles qu'il avait dessein de rendre la mieux trempée et la mieux polie que ses mains habiles eussent jamais fabriquée. Les travaux de sa profession lui étaient plus agréables qu'aucune autre occupation qu'il aurait pu choisir, et ils lui servaient d'excuse pour se renfermer dans sa boutique et éviter la société, où les bruits vagues qui circulaient tous les jours n'auraient servi qu'à l'inquiéter et à le troubler. Il résolut de se fier à l'amitié éprouvée de Simon, à la foi de sa fille, et à la protection du prévôt, qui, pensait-il, après tous les éloges qu'il avait donnés à sa valeur, lors de son combat contre Bonthron, ne l'abandonnerait jamais dans la situation critique où il se trouvait. Cependant les jours se passaient, le temps s'écoulait, et ce ne fut que lorsque le dimanche des Rameaux était sur le point d'arriver que sir Patrice Charteris, étant allé à Perth pour prendre quelques arrangemens relativement au combat qui allait avoir lieu, songea à faire une visite à l'armurier du Wynd.

Il entra dans l'atelier avec un air de compassion qui ne lui était pas ordinaire, et qui fit sur-le-champ soupçonner à Henry qu'il lui apportait de mauvaises nouvelles. L'armurier prit l'alarme, et le marteau levé resta suspendu sur le fer rouge, tandis que le bras agité qui le tenait, auparavant fort comme celui d'un géant, perdit sa vigueur au point qu'il put à peine déposer son instrument par terre, au lieu de le laisser échapper de sa main.

— Mon pauvre Henry, dit sir Patrice, je vous apporte des nouvelles peu agréables ; mais elles ne sont pas certaines, et quand elles seraient vraies, elles sont de telle nature qu'un homme aussi brave que vous ne devrait pas les prendre trop à cœur.

— Au nom du ciel, milord prévôt, j'espère que vous ne m'apportez pas de mauvaises nouvelles de Simon Glover ou de sa fille ?

— Relativement à eux, non ; ils sont en sûreté et se portent bien ; mais c'est relativement à vous, Henry, que mes nouvelles ne sont pas si bonnes. Henshaw vous a sans doute appris que j'avais cherché à placer Catherine sous la protection d'une honorable dame, la duchesse de Rothsay. Mais cette dame a refusé de s'en charger, et a envoyé Catherine auprès de son père dans les montagnes. Vous pouvez avoir entendu dire que Gilchrist Mac-Ian est mort, et que son fils Eachin, qui était connu dans Perth comme l'apprenti du vieux Simon, sous le nom de Conachar, est maintenant chef du clan de Quhele, et j'ai appris d'un de mes domestiques que le bruit court parmi les Mac-Ian que le jeune Chef recherche la main de Catherine. Mon domestique l'a appris (comme un secret pourtant) pendant qu'il était dans le Breadalbane pour prendre quelques arrangemens relativement au combat qui va avoir lieu. Ce fait n'a rien de certain, mais il a une forte apparence de probabilité.

— Le domestique de Votre Seigneurie a-t-il vu Simon Glover et sa fille ? demanda Henry, pouvant à peine respirer, et toussant pour cacher au prévôt l'excès de son agitation.

— Non. Les montagnards semblaient avoir quelque méfiance, ils lui refusèrent la permission de parler au vieillard, et il craignit de les alarmer en leur demandant à voir Catherine. D'ailleurs, il ne parle pas leur langue, et celui qui a donné ces détails ne sait l'anglais que fort imparfaitement, de sorte qu'il peut y avoir quelque méprise. Cependant il est certain que ce bruit court, et j'ai pensé qu'il valait mieux que vous en fussiez informé. Mais vous pouvez être bien sûr que le mariage ne peut avoir lieu avant que l'affaire du dimanche des Rameaux ne soit décidée ; et je vous conseille de ne faire aucune démarche avant que nous soyons instruits de toutes les circonstances de cette affaire ; car la certitude est toujours désirable, même quand elle est pénible. — N'allez-vous pas vous rendre à l'assemblée du conseil de la ville? ajouta-t-il après un moment de silence. On va y parler des préparatifs de la lice dans le North-Inch, et l'on sera charmé de vous y voir.

— Non, milord.

— Je vois par cette réponse laconique, Smith, que cette affaire vous chagrine; mais, après tout, les femmes sont des girouettes ; c'est une vérité incontestable ; Salomon et bien d'autres l'ont éprouvé avant nous.

Et sir Patrice se retira, bien convaincu qu'il s'était acquitté des fonctions de consolateur de la manière la plus satisfaisante.

Le malheureux amant apprit cette nouvelle, et écouta ce commentaire avec des sentimens bien différens.

— Le prévôt, se dit-il avec amertume, est un excellent homme, et certes, il fait sonner si haut sa chevalerie, que, s'il dit des sottises, un pauvre homme doit les regarder comme des paroles pleines de bon sens, de même qu'il faut qu'il fasse l'éloge de la petite bière, si on lui en présente dans le gobelet d'argent de Sa Seigneurie. Que signifierait tout cela dans une autre situation? Supposez que je roulasse du haut en bas de Corrichie Dhu, et qu'avant d'être tombé au pied de ce rocher escarpé, j'entendisse milord prévôt arriver en me disant : — Henry, le précipice est profond, et je suis fâché de vous dire que vous êtes en bon chemin d'y tomber. Mais ne perdez point courage, le ciel peut vous envoyer une pierre ou un buisson pour vous arrêter. Cependant j'ai cru que ce serait une consolation pour vous de savoir le pire qui peut vous arriver. Je ne sais trop, à quelques centaines de pieds près, quelle est la profondeur du précipice, mais vous pourrez vous en faire une idée quand vous serez au fond. Et écoutez, quand viendrez-vous faire une partie de boules? Et tout ce verbiage doit-il tenir lieu de quelque tentative amicale pour empêcher un pauvre diable de se rompre le cou? Quand je pense à cela, je suis prêt à perdre l'esprit, et je serais tenté de prendre mon marteau et de tout briser autour de moi. Mais je serai calme, et si cet épervier des montagnes, qui se prétend un faucon, s'abat sur ma tourterelle, il apprendra qu'un bourgeois de Perth est en état de bander un arc.

C'était alors le jeudi qui précède le dimanche des Rameaux; et les champions des deux clans ennemis devaient arriver le lendemain, afin d'avoir le samedi pour se reposer, se rafraîchir, et se préparer au combat. Deux ou trois individus de chaque parti étaient venus d'avance pour prendre des arrangemens pour le campement de leurs compagnons, et recevoir les instructions convenables sur l'ordre dans lequel ils devaient se présenter au combat. Henry ne fut donc pas très-surpris de voir un grand et vigoureux montagnard entrer dans le Wynd où il demeurait, et jeter ses regards de tous côtés, à peu près comme les habitans d'un pays sauvage examinent les curiosités d'une contrée plus civilisée. Smith le regarda de mauvais œil, non-seulement à cause de son pays en général, contre lequel il avait naturellement des préventions, mais surtout parce qu'il le voyait porter le plaid particulier au clan de Quhele; une branche de chêne brodée en soie indiquait aussi que cet individu était un des gardes personnels du jeune Eachin, sur les efforts desquels on comptait surtout pour le succès du combat.

Après avoir fait ces observations, Henry se retira dans sa forge, car la vue de cet homme lui échauffait la bile; et sachant que ce montagnard, venu pour être un des champions d'un combat solennel, ne pouvait devenir l'objet d'une querelle privée, il voulut du moins éviter d'avoir aucune relation amicale avec lui. Cependant, au bout de quelques minutes, la porte de son atelier s'ouvrit, et ce montagnard, laissant flotter son plaid de manière à relever encore la hauteur de sa taille, entra dans la forge avec la démarche fière d'un homme qui se sent une dignité bien supérieure à tout ce qu'il va rencontrer. Il s'arrêta en entrant, et regarda autour de lui, semblant s'attendre à être reçu avec courtoisie, et regardé avec admiration. Mais Henry n'était nullement disposé à satisfaire sa vanité, et il continua à battre une cuirasse qui était sur son enclume, comme s'il ne se fût pas aperçu qu'il n'était plus seul.

— N'êtes-vous pas le *Gow Grom* (c'est-à-dire le forgeron aux jambes torses)? demanda le montagnard.

— C'est ainsi que m'appellent ceux qui veulent avoir l'épine du dos tordue, répondit Smith.

— Je n'ai pas dessein de vous offenser. Je viens pour acheter une armure.

— En ce cas vos jambes nues peuvent vous conduire hors d'ici. Je n'en ai point à vendre.

— Si nous n'étions pas à deux jours du dimanche des Rameaux, je vous apprendrais à chanter sur un autre ton.

— Et comme nous sommes au jour d'aujourd'hui, répliqua Henry avec le même ton d'indifférence méprisante, je vous prie de vous retirer de mon jour.

— Vous êtes un homme incivil; mais je suis moi-même un *fir nan ord* (1), et je sais que le forgeron est impétueux quand le fer est chaud.

— Si vous êtes forgeron, vous pouvez vous forger vous-même une armure.

— Et c'est ce que je ferais sans avoir besoin de votre aide, Gow Chrom; mais on dit qu'en forgeant vos épées et vos armures, vous sifflez des airs et chantez des paroles qui donnent le pouvoir à vos lames de couper l'acier comme si c'était du papier, et qui font que vos cuirasses résistent à la pique et à la lance comme si ce n'étaient que des pointes d'épingles.

— C'est qu'on fait croire à votre ignorance toutes les balivernes auxquelles les chrétiens refusent d'ajouter foi. Je siffle en travaillant tout ce qui me vient à l'idée, comme un honnête artisan; et souvent c'est la chanson

---

(1) Forgeron, homme de marteau. — T<small>R</small>.

montagnarde —: Je marche au gibet — Toutes les fois que je chante cet air mon marteau tombe naturellement en mesure.

— L'ami, dit le montagnard avec hauteur, il n'est pas bien de donner des coups d'éperon à un cheval qui a les jambes liées. Vous savez que je ne puis me battre en ce moment, et il y a peu de bravoure à me lâcher des sarcasmes.

— Par les clous et le marteau, vous avez raison, s'écria Smith en changeant de ton. Mais expliquez-vous, l'ami; que désirez-vous de moi? Je ne suis pas en humeur de perdre mon temps.

— Un haubert pour mon chef, Eachin Mac Ian.

— Vous êtes forgeron, dites-vous; êtes-vous en état de juger de ceci? demanda notre armurier en tirant d'une caisse la cotte de mailles qu'il avait tout récemment travaillée.

Le montagnard l'examina avec un degré d'admiration dans lequel il entrait quelque jalousie. Il en regarda attentivement toutes les parties, et finit par déclarer que c'était la meilleure armure qu'il eût jamais vue.

— Cent bœufs ou vaches, et un troupeau raisonnable de moutons, ce ne serait pas acheter cette armure à bien bon marché, dit-il, pour première tentative; et cependant je ne vous en offrirai pas moins, n'importe où je les prendrai.

— C'est une belle offre, sans doute; mais ni or ni marchandises n'achèteront jamais cette cotte de mailles. Je veux faire sur cette armure l'épreuve de mon épée, et je ne la donnerai qu'à celui qui voudra la revêtir pour se battre avec moi de taille et d'estoc, à armes égales. Elle est à votre chef, à ces conditions.

— Allons donc! allons donc! — Buvez un coup, et allez vous coucher, s'écria le montagnard, du ton le plus méprisant. Avez-vous perdu l'esprit? Vous imaginez-vous que le chef du clan de Quhele daignera se battre contre un petit bourgeois de Perth, comme vous? — Écoutez-moi; je vous ferai plus d'honneur que toute votre parenté n'en a reçu; je vous combattrai moi-même pour cette belle cotte de mailles.

— Il faut d'abord prouver que vous êtes de ma force, dit Henry en souriant.

— Comment! moi qui suis un des Leichtachs d'Eachin, je ne serais pas de votre force!

— Vous pouvez essayer, si vous voulez.

— Vous dites que vous êtes un *fir nan ord*.

— Savez-vous lancer le marteau?

— Si je le sais? — Demandez à l'aigle s'il vole au-dessus du Ferragon?

— Mais, avant de lutter avec moi, il faut vous essayer contre un de mes Leichtachs. — Ici, Dunter, avance pour l'honneur de Perth! — Et maintenant, montagnard, voici une belle rangée de marteaux. — Choisis celui que tu voudras, et passons dans le jardin.

Le montagnard, qui se nommait Norman nan Ord, ou Norman du Marteau, montra qu'il méritait ce surnom en choisissant le plus lourd de ceux qui lui étaient présentés, ce qui fit sourire Henry. Dunter, un des ouvriers de Smith, lança son marteau à une distance qu'on pouvait appeler prodigieuse; mais le montagnard, faisant un effort désespéré, jeta le sien deux ou trois pieds plus loin. Il regarda Henry avec un air de triomphe, et celui-ci se contenta de sourire de nouveau.

— Ferez-vous mieux? demanda le montagnard à Smith, en lui offrant le marteau.

— Non pas avec ce joujou d'enfant, répondit Henry; à peine est-il assez lourd pour voler contre le vent.

— Janniken! apporte-moi Sāmson! Non; apporte-moi l'Enfant; Samson est un tant soit peu trop lourd.

Le marteau qu'on lui apporta était deux fois aussi pesant que celui que le montagnard avait choisi, comme étant d'un poids extraordinaire. Norman le regarda d'un air surpris; mais son étonnement augmenta, quand Henry, se mettant en position, donnant le branle un instant à ce lourd instrument, qui partit de sa main comme s'il eût été lancé par une machine de guerre. On entendit siffler l'air à travers lequel volait cette masse énorme. Elle tomba enfin, et le fer s'en enfonça d'un pied dans la terre, près d'une toise au-delà de l'endroit où le marteau de Norman était tombé.

Le montagnard, vaincu et mortifié, alla ramasser le marteau, le pesa dans sa main, et l'examina avec attention, comme s'il se fût attendu à découvrir dans cet instrument quelque chose de différent d'un marteau ordinaire. Enfin il le rendit à Smith avec un sourire mélancolique.

— Ferez-vous mieux? lui demanda Henry à son tour.

— Norman a déjà trop perdu à ce jeu, répondit le montagnard en levant les épaules et en secouant la tête; il a perdu son propre nom d'homme à marteau. Mais le *Gow Chrom* travaille-t-il réellement à son enclume avec cette masse de fer qui ferait la charge d'un cheval?

— C'est ce que vous allez voir, confrère, répondit

Henry en le reconduisant dans sa forge. — Dunter, dit-il alors, place-moi sur l'enclume cette barre de fer qui est dans la fournaise. Prenant alors un marteau monstreux, celui qu'il appelait Samson, il se mit à battre le métal, tantôt de la main droite, tantôt de la gauche, et quelquefois des deux en même temps, avec tant de force et de dextérité, qu'il forgea un petit fer à cheval en la moitié de temps qu'un forgeron ordinaire aurait employé pour en faire un avec un outil plus facile à manier.

— *Oigh! Oigh!* s'écria le montagnard. Mais pourquoi voudriez-vous vous battre contre notre Chef, qui est d'un rang bien au-dessus du vôtre, quand vous seriez le meilleur forgeron qui ait jamais travaillé à l'aide du vent et du feu.

— Écoutez-moi, dit Henry, vous m'avez l'air d'un bon diable, et je vous dirai la vérité. Votre maître m'a outragé, et je lui donne cette armure de bon cœur, pour avoir la chance de le combattre.

— S'il vous a outragé, il vous doit une rencontre, dit le garde du corps montagnard. Un outrage fait à un homme, renverse la plume d'aigle de la toque du Chef. Quand il serait le premier Chef de toutes nos montagnes, — et c'est bien ce qu'est Eachin, — il faut qu'il combatte celui qu'il a outragé, ou il perd une rose de sa guirlande

— L'engagerez-vous à le faire après le combat de dimanche?

— Je ferai de mon mieux, si les faucons ne sont pas occupés à ronger mes os. Car il est bon que vous sachiez, confrère, que le clan de Chattan a des griffes qui pénètrent profondément.

— Je donne cette armure à votre Chef à cette condition. Mais je lui ferai honte en face du roi et de toute la cour, s'il ne m'en paie pas le prix convenu.

— Ne craignez rien! ne craignez rien! je l'amènerai moi-même au combat; soyez-en bien assuré.

— Vous me ferez plaisir; et pour que vous vous rappeliez cette promesse, je vous fait présent de ce dirk(1). Regardez-le bien! Si vous le tenez d'une main ferme et que vous frappiez votre ennemi entre le bas de son casque et le haut de son hausse-col, il n'aura pas besoin de chirurgien.

Le montagnard fut prodigue de remerciemens, et se retira.

— Je lui ai donné la meilleure cotte de mailles que j'aie jamais fabriquée, se dit l'armurier à lui-même, se repentant presque de sa libéralité, pour la chance qu'il obtiendra de son Chef la faveur de se mesurer avec moi; et alors que Catherine appartienne à celui qui la gagnera de bon jeu. Mais je crains bien que le jeune Chef ne trouve quelque prétexte pour s'en dispenser, à moins qu'il n'ait assez de bonheur, le dimanche des Rameaux, pour vouloir essayer un autre combat. Il y a quelque espoir cependant; car j'ai vu quelquefois un novice, qui n'était qu'un nain avant d'avoir tiré l'épée pour la première fois, devenir ensuite un tueur de géans.

Ce fut ainsi, avec peu d'espoir, mais armé de la résolution la plus déterminée, que Henry Smith attendit l'instant qui devait décider de son destin. Ses pressentimens les plus fâcheux venaient du silence de Glover et de sa fille. — Ils sont honteux de m'avouer la vérité,

---

(1) Nom du poignard des montagnards. — Tr.

pensait-il, et c'est pour cela qu'ils gardent le silence.

Le vendredi à midi, les deux petites troupes représentant les clans ennemis, arrivèrent à leur destination respective, où elles devaient faire halte et prendre des rafraîchissemens.

Les champions du clan de Quhele reçurent l'hospitalité dans la riche abbaye de Scone, tandis que le prévôt régala leurs rivaux dans son château de Kinfauns. On mit le soin le plus scrupuleux à traiter les deux partis avec les mêmes attentions, et de ne fournir ni à l'un ni à l'autre aucun prétexte pour se plaindre de partialité. Pendant ce temps, tous les articles d'étiquette furent discutés et réglés entre le lord grand connétable, Errol, et le jeune comte Crawford, agissant, le premier, de la part du clan de Chattan, et le second comme protecteur de celui de Quhele. Des messagers étaient sans cesse dépêchés d'un comté à l'autre, et ils eurent plus de six entrevues en trente heures, avant que tout le cérémonial du combat pût être complètement arrangé.

D'une autre part, pour empêcher la renaissance d'anciennes querelles, dont il existait bien des germes entre les bourgeois et les montagnards, leurs voisins, une proclamation défendit aux citoyens d'approcher d'un demi-mille des deux endroits où étaient logés les représentans des deux clans, et aux futurs combattans d'entrer dans Perth sans permission spéciale. On forma un cordon de troupes pour assurer l'exécution de cette mesure, et elles obéirent si rigoureusement à leur consigne, que Simon Glover lui-même, quoique bourgeois et citoyen de Perth, ne put obtenir d'entrer dans la ville, parce qu'il était arrivé avec les champions d'Eachin Mac-Ian, et qu'il portait le plaid bien connu de ce clan. Cet obstacle imprévu empêcha Simon d'aller chercher Henry Smith, et de lui faire part de tout ce qui lui était arrivé depuis leur séparation; communication qui, si elle avait eu lieu, aurait changé le dénouement de notre histoire.

Le samedi soir, une autre arrivée eut lieu, et la ville y prit presque autant d'intérêt qu'aux préparatifs du combat si prochain. C'était le comte de Douglas qui entra dans la ville à la tête de trente cavaliers seulement, mais qui tous étaient chevaliers ou gentilshommes du premier rang. Tous les yeux suivaient ce pair redouté, comme on suit le vol d'un aigle au milieu des nuages, sans savoir vers quel point l'oiseau de Jupiter se dirigera, mais avec le silence d'une attention sérieuse, comme si l'on pouvait deviner quel but il se propose en parcourant ainsi le firmament. Le comte traversa la ville au petit pas, et en sortit par la porte du Nord. Il mit ensuite pied à terre au couvent des Dominicains, et demanda à voir le duc d'Albany. Il fut conduit sur-lechamp en sa présence, et le duc le reçut comme un homme qui voulait être gracieux et conciliant, mais qui sentait l'art, et qui ne pouvait cacher l'inquiétude. Après les premiers complimens, le comte dit d'un ton grave : — Je vous apporte de mauvaises nouvelles, milord; le neveu de Votre Grace, le duc de Rothsay n'existe plus; tout annonce qu'il a péri victime de manœuvres criminelles.

— Manœuvres ! répéta le duc avec confusion. — Quelles manœuvres? — Qui a osé pratiquer des manœuvres contre l'héritier du trône d'Écosse?

— Ce n'est pas à moi qu'il appartient de l'expliquer,

dit Douglas ; mais on dit que l'aigle a été tué par une flèche armée de plumes tirées de ses propres ailes ; et que le chêne a été fendu par un coin fait de son propre bois.

— Comte de Douglas, dit le duc d'Albany, je ne me mêle pas de deviner les énigmes.

— Ni moi d'en proposer, répondit Douglas avec hauteur.—Votre Grace trouvera dans ces papiers des détails qui méritent d'être lus. Je vais me promener une demi-heure dans le jardin du cloître, en ensuite je viendrai vous rejoindre.

— Vous ne vous rendrez pas près du roi, milord? dit Albany.

— Non, répondit Douglas ; je présume que Votre Grace pensera comme moi, que nous devons cacher à notre souverain cette grande calamité de famille, jusqu'à ce que l'affaire de demain soit terminée.

— J'y consens volontiers, dit Albany ; si le roi apprenait cette perte, il ne pourrait assister au combat ; et s'il n'y paraissait pas en personne, il est probable que ces gens refuseraient de se battre, et que toutes nos peines seraient perdues ; mais asseyez-vous, je vous prie, milord, pendant que je vais lire ces détails affligeans relativement au pauvre Rothsay.

Il examina les pièces que le comte venait de lui remettre, jetant seulement un coup d'œil sur les unes, et lisant les autres avec autant d'attention que si le contenu en eût été pour lui de la plus haute importance. Quand il eut employé ainsi environ un quart d'heure, il leva les yeux, et dit d'un ton grave : — C'est une consolation, milord, de ne trouver dans ces pièces fatales rien qui puisse faire renaître les divisions qui ont eu lieu dans le conseil du roi, et qui en ont été bannies par l'arrangement solennel qui a eu lieu entre Votre Seigneurie et moi. Par suite de cet arrangement, mon malheureux neveu devait être écarté des affaires publiques jusqu'à ce que le temps eût mûri son jugement. Le destin vient d'en disposer, et en prévenant les mesures que nous devions prendre, il les a rendues inutiles.

— Si Votre Grace, répliqua le comte, ne voit rien qui doive troubler la bonne intelligence que la tranquillité et la sûreté de l'Écosse exigent que nous maintenions entre nous, je ne suis pas assez peu ami de mon pays pour y regarder de trop près.

— Je vous comprends, milord, dit Albany avec vivacité. Vous vous êtes imaginé un peu à la hâte que je me trouverais offensé que Votre Seigneurie ait exercé ses pouvoirs de lieutenant-général du royaume et ait puni ces détestables meurtriers sur mon domaine de Falkland. Croyez au contraire que je vous suis obligé de m'avoir dispensé d'ordonner le supplice de ces scélérats, que je n'aurais pu voir sans que mon cœur se brisât. Le parlement d'Écosse fera sans doute une enquête sur ce sacrilège, et je m'estime heureux que le glaive de la vengeance ait armé la main d'un homme aussi important que Votre Seigneurie. Nos communications à ce sujet, comme vous devez vous le rappeler, ne tendaient qu'à tenir mon infortuné neveu dans la retraite, jusqu'à ce qu'un an ou deux lui eussent donné plus de discrétion.

— Tel était certainement le projet de Votre Grace, autant que vous m'en avez fait part, dit le comte; je puis le certifier en toute sûreté de conscience.

— Eh bien donc! noble comte, reprit Albany, on ne peut nous blâmer parce que des scélérats, pour satisfaire leur vengeance personnelle, paraissent avoir donné un dénouement sanglant à ce qui n'était de notre part qu'un projet honnête.

— Le parlement en jugera d'après sa sagesse, dit Douglas. Quant à moi, ma conscience m'acquitte.

— Et la mienne m'absout, ajouta le duc d'un ton solennel. Et maintenant, milord, que dirons-nous relativement à la garde de la personne du jeune Jacques (1), qui devient maintenant le successeur présomptif de son père?

— C'est au roi à en décider, répondit Douglas que cette conférence impatientait. Je consentirai qu'on fixe sa résidence partout où l'on voudra, excepté à Stirling, à Doune ou à Falkland.

A ces mots, il sortit brusquement.

— Le voilà parti, murmura l'astucieux Albany; il est forcé d'être mon allié, et cependant il se sent disposé à être mon ennemi mortel. N'importe! Rothsay dort avec ses pères; Jacques peut le suivre avec le temps, et alors une couronne sera la récompense de toutes mes perplexités.

(1) Second fils de Robert III, frère de l'infortuné duc de Rothsay, et ensuite Jacques Ier, roi d'Écosse. (*Note de l'auteur.*)

CHAPITRE XXXIV.

L'aurore du dimanche des Rameaux parut enfin. A une époque plus reculée de la religion chrétienne, employer à un combat un des jours de la semaine sainte aurait été regardé comme une profanation méritant l'excommunication. L'Église romaine, à son honneur infini, avait décidé que, pendant la sainte saison de Pâques, quand on célébrait la rédemption de l'homme déchu, le glaive de la guerre rentrerait dans le fourreau, et les monarques respecteraient l'époque nommée la Trêve-de-Dieu. La fureur effrénée des dernières guerres entre l'Écosse et l'Angleterre avait fait oublier l'observation de cette ordonnance religieuse. Très-souvent un parti choisissait pour une attaque la fête la plus solennelle, parce qu'il espérait trouver l'autre occupé de devoirs religieux, et hors d'état de se défendre. Ainsi l'on avait cessé d'observer la trêve qui marquait autrefois cette époque de l'année, et il devint même peu extraordinaire de choisir les fêtes les plus saintes de l'Église pour le jugement du combat judiciaire, auquel celui qui allait avoir lieu avait une grande ressemblance.

Les devoirs religieux de ce jour furent pourtant remplis en cette occasion avec toute la solennité d'usage, et les combattans eux-mêmes y prirent part. Portant en mains des branches d'if, à défaut de rameaux de palmiers, ils se rendirent respectivement aux couvens des Dominicains et des Chartreux, pour y entendre la grand'messe, et, du moins par un acte extérieur de dévotion, se préparer au combat sanglant qui devait marquer cette journée. On avait eu grand soin que, pendant leur marche, aucun des deux partis ne pût entendre le son des cornemuses de l'autre; car il était certain que, de même que des coqs se défiant mutuellement par leurs chants, ils se seraient cherchés les uns les autres avant d'être arrivés au lieu destiné pour le combat.

Les habitans de Perth se portèrent en foule dans les rues pour voir passer cette procession extraordinaire; et ils remplirent les églises où les représentans des deux clans entendaient la messe, pour voir comment ils s'y conduiraient, et pour tâcher de juger, d'après les apparences, auquel des deux partis resterait l'avantage. Quoi qu'ils ne fréquentassent pas très-habituellement les édifices consacrés à la religion, leur conduite dans l'église fut conforme à toutes les règles du décorum, et malgré leur naturel sauvage et indomptable, presque aucun de ces montagnards ne parut curieux ou surpris. Bien des choses se présentaient pourtant alors à leurs yeux probablement pour la première fois; mais ils croyaient au-dessous de leur dignité, et indigne de leur caractère, de montrer de l'étonnement ou de la curiosité.

Parmi les juges les plus compétens, très-peu osèrent hasarder une prédiction sur l'événement du combat.

Cependant la grande taille de Torquil et de ses huit robustes fils, porta quelques individus qui prétendaient à la connaissance des nerfs et des muscles du corps humain, à croire que la victoire pourrait bien se déclarer pour le clan de Quhele. L'opinion des femmes se décida surtout par l'air noble, les beaux traits et les manières aisées d'Eachin Mac-Ian. Certaines gens cherchaient à se rappeler où ils l'avaient déjà vu ; mais la splendeur de son costume militaire faisait qu'un seul individu pouvait reconnaître dans le jeune Chef montagnard l'humble apprenti de Glover.

Cet individu, comme on peut bien le supposer, était notre armurier, au premier rang dans la foule qui se pressait pour voir les champions du clan de Quhele. Ce fut avec un sentiment confus de haine, de jalousie et presque d'admiration, qu'il vit l'apprenti du gantier, dépouillé d'un extérieur bas et abject, briller comme un chef qui, par la vivacité de ses yeux, la noblesse de son front, l'aisance de sa tournure, la splendeur de ses armes, et l'heureuse proportion de tous ses membres, semblait bien digne de commander à des hommes choisis pour vivre ou mourir en honneur de leur race. Smith eut quelque peine à se persuader qu'il voyait ce jeune homme violent qu'il avait repoussé loin de lui comme il aurait chassé une guêpe qui l'aurait piqué, et qu'un mouvement de compassion l'aurait porté à ne pas écraser.

— Il a bonne mine avec mon noble haubert, le meilleur que j'aie jamais fabriqué, murmura Henry en se parlant à lui-même. Si pourtant lui et moi nous étions dans un lieu où il ne se trouverait ni œil pour voir, ni main pour aider, par tout ce qu'il y a de saint dans cette église, cette bonne armure reviendrait à son maître. Je donnerais tout ce que je possède au monde pour pouvoir lui appliquer trois bons coups de sabre sur les épaules, et briser mon propre ouvrage ; mais je n'aurai jamais un pareil bonheur. S'il échappe au combat, il aura acquis une si haute renommée de courage, qu'il pourra dédaigner de faire courir à sa fortune naissante le risque d'une rencontre avec un pauvre bourgeois. Il ne voudra pas me combattre lui-même ; il m'enverra un champion, mon confrère, le *fir nan ord*, et tout ce que j'y pourrai gagner, sera d'assommer un taureau montagnard. Si je pouvais voir Simon Glover ! J'irai le chercher dans l'autre église, car certainement il doit être de retour des montagnes.

On commençait à sortir de l'église des Dominicains lorsque Henry prit cette résolution, et il chercha à la mettre à exécution le plus promptement possible, en traversant la foule aussi vite que le permettaient la sainteté du lieu et la solennité de l'occasion. En s'ouvrant un chemin dans les flots de la multitude, il fut porté un instant si près d'Eachin, que leurs yeux se rencontrèrent. Le teint bruni du hardi armurier devint aussi rouge que le fer sur lequel il travaillait, et conserva cette teinte foncée pendant plusieurs minutes. Les traits d'Eachin se couvrirent d'une rougeur d'indignation plus brillante, et un éclair de haine et de fierté partit de ses yeux. Mais cette teinte aussi vive que subite fit place à une pâleur mortelle, et il détourna ses regards à l'instant même, pour éviter le coup d'œil ferme et menaçant qui était dirigé sur lui.

Torquil, dont les yeux étaient toujours fixés sur son fils nourricier, remarqua son émotion, et chercha avec inquiétude autour de lui quelle pouvait en être la cause. Mais Henry était déjà bien loin, et en chemin pour le couvent des Chartreux. Le service divin y était aussi terminé, et ceux qui venaient de porter des palmes en honneur du grand événement qui amenait la paix sur la terre aux hommes de bonne volonté, se rendaient alors vers le lieu du combat, les uns se préparant à priver leurs semblables de la vie ou à perdre la leur, les autres disposés à voir cette lutte mortelle avec le plaisir sauvage que les païens prenaient aux combats de leurs gladiateurs.

La foule était si grande que tout autre individu aurait pu désespérer de s'y frayer un chemin; mais la déférence générale qu'on avait pour Henry comme champion de Perth, et la conviction universelle qu'il était en état de se frayer un passage, déterminaient chacun à lui faire place, de sorte qu'il se trouva bientôt près des guerriers du clan de Chattan. Leurs joueurs de cornemuses marchaient en tête de leurs colonnes. Suivait leur bannière bien connue, offrant aux yeux un chat des montagnes rampant avec la devise : *Ne touchez pas le chat sans gants.* Le chef du clan marchait ensuite, tenant son épée à deux mains, comme pour protéger l'emblème de sa tribu. C'était un homme de moyenne taille, âgé de plus de cinquante ans, mais dont les traits et les membres n'annonçaient ni diminution des forces physiques, ni aucun symptôme de vieillesse. Quelques poils gris se montraient parmi des cheveux d'un roux ardent, courts, et bouclés naturellement; mais on remarquait dans ses pas et dans ses gestes, soit à la danse, soit à la chasse, soit au combat, la même légèreté que s'il n'eût pas encore atteint sa trentième année. Ses yeux gris brillaient d'un éclat sauvage qui annonçait un mélange de valeur et de férocité ; mais la sagesse et l'expérience formaient l'expression de son front, de ses sourcils et de ses lèvres. Les champions de son clan le suivaient deux à deux. L'inquiétude se peignait sur la physionomie de plusieurs d'entre eux, car ils avaient découvert ce matin même qu'un de leurs compagnons était absent ; et dans un combat qui devait être désespéré, comme on s'y attendait, la retraite d'un individu paraissait une chose importante à tous les autres, à l'exception de leur Chef, l'intrépide Mac-Gillie Chattanach.

— Qu'on ne dise rien de son absence aux Saxons, dit ce brave montagnard en apprenant la diminution de sa troupe. Les langues menteuses des basses-terres pourraient dire qu'il s'est trouvé un lâche dans le clan de Chattan, et peut-être même que les autres ont favorisé sa fuite afin d'avoir un prétexte pour éviter le combat. Je suis sûr que Ferqubard Day se trouvera dans nos rangs avant que nous soyons prêts à combattre. Et s'il ne s'y trouvait pas, ne suis-je pas en état de faire tête à deux hommes du clan de Quhele ? Ne les combattrions-nous pas quinze contre trente, plutôt que de renoncer à la gloire que nous devons acquérir aujourd'hui ?

Le discours du brave Chef fut couvert d'applaudissemens ; et pourtant plus d'un regard inquiet se dirigeait encore de côté et d'autre, dans l'espoir de voir le déserteur venir rejoindre sa bannière. Le Chef était peut-être le seul homme de sa troupe qui fût complètement indifférent à son absence.

Ils traversèrent les rues de la ville sans apercevoir

Ferquhard Day, qui, arrivé déjà bien au-delà des montagnes, s'occupait à recevoir les dédommagemens que l'amour peut accorder pour la perte de l'honneur. Mac Gillie Chattanach marchait sans avoir l'air de songer au déserteur, et il arriva enfin sur le North-Inch, belle plaine bien nivelée, située près des murs de la ville, et qui servait aux exercices militaires des habitans.

Cette plaine est arrosée d'un côté par le Tay, fleuve large et profond. On y avait construit une forte palissade, bordant de trois côtés un espace de soixante-quinze toises de longueur sur trente-sept de largeur. C'était la lice, et le quatrième côté en semblait suffisamment protégé par le Tay. La palissade était entourée d'un amphithéâtre destiné aux spectateurs de la classe mitoyenne, mais qui laissait libre un espace que devaient occuper des hommes armés à pied et à cheval, et les curieux des rangs inférieurs. A l'extrémité de la lice la plus proche de la ville, était une grande et haute galerie pour le roi et ses courtisans, décorée d'un treillage champêtre et de tant d'ornemens dorés, que cet endroit conserve encore aujourd'hui le nom de Galerie Dorée.

Les cornemuses montagnardes, qui avaient fait entendre chemin faisant les *pibrochs* ou chants guerriers des deux clans rivaux, se turent en arrivant sur l'Inch; car tel était l'ordre qui avait été donné. Deux vieux guerriers ayant un air de dignité, portant chacun la bannière de leur clan, s'avancèrent aux extrémités opposées de la lice, et enfonçant dans la terre le bois de leur étendard, ils s'apprêtèrent à être spectateurs d'un combat auquel ils ne devaient pas prendre part. Les joueurs de cornemuse, qui devaient aussi rester neutres dans cette querelle, s'assirent près de leurs bannières respectives.

La populace, en voyant arriver ces deux troupes, poussa les acclamations générales par lesquelles elle accueille en semblable occasion tous ceux dont elle espère tirer un amusement quelconque. Les combattans futurs ne répondirent pas à ces cris, mais chaque parti s'avança vers l'une des extrémités de la lice, où étaient des portes par lesquelles ils devaient entrer dans l'enceinte. Un corps nombreux d'hommes d'armes gardait ces deux entrées; et le comte maréchal à l'une, et le lord grand-connétable à l'autre, examinaient avec soin chaque individu, pour s'assurer s'il avait les armes requises, c'est-à-dire le heaume d'acier, la cotte de mailles, l'épée à deux mains et le poignard. Ils comptaient aussi le nombre des combattans, et la multitude craignit d'être privée du spectacle qu'elle attendait, quand le comte d'Erol, levant la main, s'écria : — Holà! le combat ne doit pas avoir lieu, car il manque un combattant au clan de Chattan.

— Qu'importe? s'écria le jeune comte de Crawford; c'était à eux de savoir mieux compter avant de quitter leurs montagnes.

Cependant le comte-maréchal pensa comme le grand-connétable, que le combat ne pouvait avoir lieu sans que l'égalité fût rétablie entre les deux troupes, et toute la multitude assemblée commença à craindre que, après tant de préparatifs, il n'y eût point de combat.

De tous les spectateurs, il n'y en avait peut-être que deux à qui la perspective de l'ajournement du combat fût agréable; et c'était le chef du clan du Quhele et le roi Robert, au bon cœur duquel cette scène répugnait.

Cependant les deux Chefs, accompagnés chacun d'un ami ou conseiller, eurent un pour-parler au milieu de la lice, assistés du comte-maréchal, du lord grand-connétable, du comte de Crawford et de sir Patrice Charteris, pour prendre un parti sur ce qu'il convenait de faire. Le chef du clan de Chattan déclara qu'il était prêt à combattre sur-le-champ, qu'il le désirait même, sans égard à la différence du nombre.

— C'est à quoi le clan de Quhele ne consentira jamais, dit Torquil du Chêne. Vous ne pouvez gagner de l'honneur à nos dépens l'épée à la main, et vous ne cherchez qu'un subterfuge pour pouvoir dire, quand vous aurez été battus, comme vous savez que vous le serez, que vous ne l'avez été que parce que le nombre de vos bras n'était pas complet; mais je fais une proposition : Ferquhard Day était le plus jeune de votre troupe, Eachin Mac-Ian est le moins âgé de la nôtre; nous consentirons qu'il se retire du nombre des combattans, pour rétablir l'égalité dérangée par la fuite de votre déserteur.

— C'est une proposition souverainement injuste et inégale, s'écria Toshach Beg, le second, comme on pourrait l'appeler, de Mac Gillie Chattanach. La vie du Chef est pour le clan le souffle de nos narines; et nous ne consentirons jamais que notre Chef soit exposé à des dangers que le vôtre ne partagerait pas.

Torquil vit avec beaucoup d'inquiétude que son plan allait échouer, puisqu'on s'opposait à ce que le chef du clan de Quhele se retirât du combat, et il cherchait quelque motif à alléguer à l'appui de sa proposition, quand Eachin lui-même prit la parole. Il faut observer ici que sa timidité n'avait pas ce caractère égoïste qui engage un homme à supporter tranquillement le déshonneur plutôt que de courir quelque danger. Au contraire, il était moralement brave, quoique timide par tempérament; et la honte de paraître vouloir éviter le combat devint en ce moment plus puissante sur lui que la crainte d'y prendre part.

— Je ne veux pas, s'écria-t-il, entendre parler d'une proposition qui condamnerait mon épée à rester dans le fourreau pendant le combat glorieux de ce jour. Si je suis jeune dans les armes, je suis entouré d'assez de braves gens que je puis imiter, si je ne puis les égaler.

Il prononça ces mots avec une ardeur qui en imposa à Torquil, et peut-être au jeune Chef lui-même.

— Maintenant, que Dieu bénisse son noble cœur ! pensa le père nourricier. J'étais sûr que le charme abominable qu'on a jeté sur lui finirait par se rompre, et que l'esprit de timidité qui le possédait s'enfuirait dès qu'il entendrait le son du pibroch, et qu'il verrait flotter le Brattach (1).

— Milord maréchal, dit le grand-connétable, le combat ne peut se retarder beaucoup plus long-temps, car il est près de midi. Que le chef du clan de Chattan prenne une demi-heure pour trouver, s'il le peut, un substitut à son déserteur ; et s'il n'en trouve pas, qu'il combatte malgré l'infériorité du nombre.

— J'y consens, répondit le comte-maréchal ; mais comme il n'y a pas un seul individu de son clan à moins de cinquante milles d'ici, je ne vois pas comment Mac Gillie Chattanach peut trouver un auxiliaire.

— C'est son affaire, dit le comte d'Errol. Mais s'il

(1) L'étendard. — Éd.

offre une bonne récompense, il se trouve autour de la lice assez de braves gens qui seront disposés à exercer leurs membres dans une partie comme celle qu'on peut attendre. Moi-même, si mes fonctions et mon rang me le permettaient, je ne serais pas fâché de tirer l'épée au milieu de ces aventuriers sauvages, et je croirais pouvoir y gagner quelque renom.

Ils communiquèrent leur décision aux montagnards, et le chef du clan de Chattan répondit : — Vous avez noblement et impartialement jugé, milords, et je me crois obligé de suivre vos instructions. — Faites donc une proclamation, hérauts, pour annoncer que si quelqu'un veut partager avec le clan de Chattan la chance et l'honneur de cette journée, il lui sera payé comptant une couronne d'or, et il aura la liberté de combattre dans mes rangs jusqu'au trépas.

— Vous êtes bien économe de votre trésor, Chef, dit le comte-maréchal. Une couronne d'or est un pauvre paiement pour une campagne comme celle qui va s'ouvrir.

— S'il y a quelqu'un qui soit disposé à combattre pour l'honneur, répondit Mac-Gillie Chattanach, ce prix suffira, et je n'ai pas besoin des services d'un drôle qui ne tire son épée que pour de l'or.

Les hérauts avaient déjà fait la moitié du tour de la lice, s'arrêtant de temps en temps pour faire la proclamation, comme ils en avaient reçu l'ordre, sans que personne montrât la moindre disposition à accepter l'enrôlement proposé. Les uns lâchaient des sarcasmes contre la pauvreté des montagnards qui offraient une si misérable récompense pour un service si dangereux; les autres affectaient de l'indignation de voir mettre à si bas prix le sang des citoyens; personne n'annonçait la plus légère intention de devenir le trentième champion du clan de Chattan. Enfin le son de la voix des hérauts arriva jusqu'aux oreilles de Henry Smith, qui était debout en dehors de la barrière, causant de temps en temps avec le bailli Craigdallie, ou plutôt écoutant avec distraction ce que le magistrat lui disait.

— Eh! que proclame-t-on là? demanda-t-il.

— Une offre libérale de la part de Mac-Gillie Chattanach, répondit le bailli. Il propose une couronne d'or à quiconque voudra se faire chat sauvage pour aujourd'hui, et probablement se faire tuer pour son service. Voilà tout.

— Quoi! s'écria l'armurier avec vivacité, fait-on une proclamation afin de trouver un homme pour combattre contre le clan de Quhele?

— Oui, sur ma foi, répondit Craigdallie; mais je ne crois pas qu'il se trouve dans tout Perth un pareil fou.

A peine avait-il prononcé ces mots, qu'il vit Henry franchir la palissade d'un seul saut, et courant dans la lice, il s'écria : — Me voici, sire héraut, moi Henry du Wynd, prêt à me battre contre le clan de Quhele.

Des cris d'admiration partirent de tous côtés, tandis que quelques braves bourgeois, ne pouvant trouver aucune raison pour expliquer la conduite de Henry, en conclurent que le goût qu'il avait pour se battre lui avait fait absolument tourner la tête. Le prévôt lui-même ne sut qu'en penser.

— Vous êtes fou, Henry, lui dit-il; vous n'avez ni épée à deux mains, ni cotte de mailles.

— C'est la vérité, répondit Henry, car j'ai fait présent d'une cotte de mailles que j'avais fabriquée pour moi-même, à ce jeune chef du clan de Quhele, qui sentira bientôt sur ses épaules comment je frappe pour river mes clous. Quant à une épée à deux mains, ce joujou d'enfant pendu à mon côté me suffira jusqu'à ce que je ramasse une arme plus lourde sur le champ de bataille.

— Cela ne peut se passer ainsi, dit le comte d'Errol. Écoute, brave armurier : par sainte Marie! tu porteras mon haubert de Milan et ma bonne épée d'Espagne.

— Je remercie Votre Seigneurie, milord, dit Smith; mais le fléau à l'aide duquel un de vos braves ancêtres changea la face des affaires dans la journée de Loncarty aurait pu me suffire. Je ne suis pas habitué à me servir d'armes ou d'armures que je n'ai pas fabriquées moi-même, parce que je ne saurais pas quel coup le haubert pourrait recevoir sans se fendre, et quel coup l'épée pourrait porter sans se briser.

Pendant ce temps, la renommée avait répandu jusque dans la ville de Perth la nouvelle que l'intrépide Smith allait combattre sans armure. Comme le moment fixé pour le combat approchait, on entendit la voix perçante d'une femme qui demandait passage au milieu de la foule. Cédant à ses importunités, la multitude lui fit place, et elle s'avança à la hâte, respirant à peine, et courbée sous le fardeau d'une cotte de mailles et d'une grande épée à deux mains. On reconnut en elle la veuve d'Olivier Proudfute, et les armes dont elle était chargée étaient celles de Smith, dont son mari était couvert quand il avait été assassiné, et qui avaient été naturellement portées chez elle avec son corps. Sa veuve reconnaissante les apportait dans la lice pour les remettre à qui elles appartenaient, dans un moment où ces armes dont il connaissait la bonté lui étaient d'une telle importance. Henry les reçut avec joie; la veuve, d'une main tremblante, l'aida à s'en couvrir à la hâte, et prit ensuite congé de lui en s'écriant : — Que Dieu protège le champion des orphelins ! Malheur à quiconque se présentera devant lui !

Sentant une nouvelle confiance en se trouvant revêtu d'une armure à l'épreuve, Henry frappa la terre du pied, comme pour mieux adapter sa cotte de mailles à ses membres, et tirant du fourreau son épée à deux mains, il la fit brandir et siffler sur sa tête, en traçant dans l'air la forme du chiffre 8, avec une aisance et une légèreté qui prouvaient avec quelle force et quelle dextérité il savait manier cette arme pesante. Les champions reçurent alors l'ordre de faire le tour de la lice, et l'on disposa leur marche de manière à ce que les deux partis ennemis ne se rencontrassent point, et qu'ils pussent rendre hommage au roi tour à tour en passant devant la la galerie dans laquelle il était assis.

Pendant que ce cérémonial s'accomplissait, la plupart des spectateurs s'occupaient encore à comparer avec soin la taille, les membres et les muscles des champions des deux partis, cherchant à former des conjectures sur le résultat du combat. Une querelle d'un siècle, avec tous les actes d'agression et de représailles qui avaient eu lieu pendant cet espace de temps, agitait le sein de chaque combattant. Leurs traits avaient pris l'expression la plus sauvage de l'orgueil, de la haine et de la résolution désespérée de combattre jusqu'au dernier soupir.

Tandis qu'ils défilaient, un murmure de joie et des applaudissemens se faisaient entendre parmi les spectateurs, qui attendaient impatiemment cette scène sanglante. Des gageures furent proposées et acceptées, tant sur le résultat du combat général que sur les faits d'armes de certains champions. L'air franc, tranquille, mais animé, de Henry Smith fixa sur lui l'intérêt universel, et l'on paria qu'il tuerait trois de ses ennemis avant d'être renversé lui-même.

A peine Smith avait-il revêtu son armure, que les Chefs ordonnèrent aux champions de prendre leurs places, et au même instant Henry entendit sortir de la foule, que l'attente rendait alors silencieuse, la voix de Simon Glover qui l'appelait et qui criait : — Henry Smith ! Henry Smith ! quelle folie te possède donc ?

— Oui, il désire empêcher son gendre, son gendre actuel ou futur, de passer par les mains de l'armurier. Telle fut la première pensée de Henry. La seconde fut de se retourner et d'aller lui parler. Mais la troisième lui rappela que l'honneur ne lui permettait ni d'abandonner sous aucun prétexte la troupe dont il avait embrassé la cause, ni même de paraître vouloir différer de combattre.

Il ne songea donc plus qu'à l'affaire du moment. Les deux troupes furent rangées par leurs Chefs respectifs sur trois lignes de dix hommes chacune. Ils furent placés à assez de distance les uns des autres, pour que chaque individu eût pleine liberté de faire mouvoir dans tous les sens son épée, dont la lame avait cinq pieds de longueur, non compris la poignée. La seconde et la troisième lignes devaient servir de réserve, en cas que la première éprouvât un échec. Sur la droite des rangs du clan de Quhele, le chef Eachin Mac-Ian se plaça en seconde ligne entre deux de ses frères de lait. Quatre d'entre eux occupaient l'extrémité droite de la première ligne, tandis que le père et les deux autres couvraient les derrières de leur Chef chéri. Torquil avait pris sa place immédiatement derrière lui, afin d'être plus à portée de le défendre. Ainsi Eachin se trouvait au centre de neuf hommes des plus robustes de sa troupe, ayant devant lui quatre défenseurs, un de chaque côté, et trois en arrière.

Les rangs du clan de Chattan furent disposés dans le même ordre, si ce n'est que le Chef se plaça au centre de la seconde ligne au lieu d'occuper l'extrême droite. Henry Smith, qui ne voyait dans les rangs opposés qu'un seul ennemi, le malheureux Eachin, proposa de se placer à l'extrême gauche de la première ligne du clan de Chattan. Mais Mac-Gillie n'approuva pas cet arrangement, et ayant rappelé à Henry qu'il lui devait obéissance, puisqu'il était à sa solde, il lui ordonna de se placer sur la troisième ligne, immédiatement derrière lui. C'était un poste honorable, que Henry ne pouvait certainement refuser, mais qu'il n'accepta qu'à contre-cœur.

Lorsque les deux clans furent ainsi rangés en face l'un de l'autre, ils annoncèrent leur animosité héréditaire et leur impatience d'en venir aux mains, par des cris sauvages qui, poussés d'abord par le clan de Quhele, furent répétés par celui de Chattan, tous faisant en même temps brandir leurs épées et se menaçant les uns les autres, comme s'ils eussent voulu vaincre l'imagination de leurs ennemis avant de les combattre corps à corps.

En ce moment de crise, Torquil, qui n'avait jamais craint pour lui-même, n'était pas sans alarmes pour son fils nourricier. Il se rassura cependant en le voyant, d'un air de résolution, adresser à ses compagnons avec fermeté quelques mots propres à les animer au combat, et leur exprimer sa détermination de partager leur destin, et de vaincre ou de mourir avec eux. Mais il n'eut pas le temps de faire une plus longue harangue. Les trompettes du roi sonnèrent la charge, les cornemuses firent entendre leur son aigre, et les combattans marchant en bon ordre, doublant le pas à mesure qu'ils avançaient, et finissant par courir, se rencontrèrent au centre de la lice, comme un torrent furieux rencontre le flux qui s'avance.

Pendant quelques instans, les deux premières lignes, où les combattans s'attaquaient les uns les autres avec leurs longues épées, ne présentèrent aux yeux qu'une suite de combats singuliers. Mais les champions placés sur les deux autres lignes, poussés par la haine et par la soif de la gloire, prirent bientôt part à l'action, remplirent les intervalles qui séparaient les combattans qui étaient au premier rang, et firent de cette scène un chaos tumultueux, au-dessus duquel on voyait se lever et descendre les énormes épées, les unes encore étincelantes, les autres dégouttant déjà de sang, et semblant, d'après la rapidité des coups, être mues par quelque mécanisme compliqué, plutôt que maniées par la main humaine. Quelques-uns des combattans, trop serrés pour pouvoir se servir de ces longues armes, avaient déjà eu recours à leurs poignards, et cherchaient à attaquer de plus près les ennemis qui leur étaient opposés. Pendant ce temps le sang ruisselait, et les gémissemens de ceux qui tombaient commençaient à se mêler aux cris de ceux qui combattaient. Ces cris, d'après la manière dont ils sont poussés par les montagnards, mériteraient plutôt le nom de hurlemens. Ceux des spectateurs dont les yeux étaient le plus accoutumés à de pareilles scènes de tumulte et de sang, ne pouvaient pourtant encore découvrir aucun avantage remporté par l'un ou l'autre parti. La supériorité, à différens intervalles, paraissait appartenir tantôt au clan de Quhele, tantôt à celui de Chattan, mais elle n'était que momentanée, et celui qui l'avait obtenue la perdait presque au même instant par une attaque plus vive de ses ennemis. Les sons aigus des cornemuses se faisaient entendre au-dessus du tumulte, et excitaient la fureur des combattans à de nouveaux efforts.

Tout d'un coup, et comme par consentement mutuel, les instrumens des deux troupes sonnèrent la retraite, faisant entendre des sons lugubres, comme si c'eût été un chant funèbre en l'honneur de ceux qui avaient perdu le jour. Les deux partis se séparèrent pour respirer quelques minutes. Les yeux des spectateurs examinèrent avec attention leurs rangs éclaircis tandis qu'ils se retiraient du combat, mais ils trouvèrent encore impossible de décider quel côté avait supporté la plus grande perte. Il semblait que le clan de Chattan avait perdu moins d'hommes que ses antagonistes; mais, en compensation, les plaids ensanglantés de ses champions, — car de part et d'autre la plupart des combattans s'étaient débarrassés de leurs manteaux, — prouvaient qu'il comptait plus de blessés que le clan de Quhele. Au total, environ vingt hommes restaient sur le champ de bataille, morts ou mourans. Des bras et des jambes séparés du tronc, des têtes fendues jusqu'aux vertèbres, de larges entailles allant de l'épaule jusqu'à la poitrine, attestaient en même temps l'acharnement furieux du combat, la nature fatale des armes dont on se servait, et la force terrible des bras qui les maniaient. Le chef du clan de Chattan s'était comporté avec le courage le plus déterminé, et avait reçu une légère blessure. Eachin, entouré de ses gardes-du-corps, avait aussi combattu avec courage. Son épée était ensanglantée, son air hardi, son port belliqueux ; et il sourit quand le vieux Torquil le serra dans ses bras en le comblant d'éloges et de bénédictions.

Les deux Chefs, après avoir donné à leur troupe deux minutes pour respirer, rétablirent leurs lignes, réduites alors à environ les deux tiers de leur premier nombre. Ils prirent position sur un terrain plus voisin de la rivière que celui sur lequel ils avaient d'abord combattu, et qui était couvert de morts et de blessés. On voyait quelques-uns de ceux-ci se soulever de temps en temps pour voir ce qui se passait sur le champ de bataille, et retomber, la plupart pour mourir de l'effusion de sang occasionée par les larges et profondes blessures que leur avait faites la claymore.

Henry Smith se distinguait aisément, tant par son costume, tout différend de celui des montagnards, que parce qu'il était resté sur l'endroit même où il avait combattu, debout, appuyé sur son épée, près d'un cadavre dont la tête, couverte d'une toque sur laquelle était brodée la branche de chêne, marque distinctive des gardes-du-corps d'Eachin, avait été jetée à dix pieds plus loin par la force du coup qui l'avait séparée du tronc. Depuis qu'il avait tué cet homme, Henry n'avait pas frappé un seul coup. Il s'était contenté de parer ceux qui lui avaient été portés, et quelques-uns dirigés contre le Chef. Mac-Gillie Chattanach conçut quelque alarme quand, après avoir donné le signal à ses gens de former leurs rangs, il vit ce formidable auxiliaire rester à quelque distance, et se montrer peu disposé à joindre les autres.

— Qu'as-tu donc? lui demanda-t-il; un corps si robuste peut-il être animé par un esprit bas et lâche? Allons! prépare-toi à combattre.

— Vous m'avez dit, il y a quelques instans, que j'étais à votre solde; si cela est, répondit Henry en montrant le cadavre étendu à ses pieds, j'ai fait assez de besogne pour la solde d'un jour.

— Celui qui me sert sans compter les heures, dit le Chef, je le récompense sans compter ses gages.

— En ce cas, répliqua Smith, je combats comme volontaire, et je prendrai le poste qui me conviendra.

— Comme tu le voudras, répondit Mac-Gillie Chattanach qui jugea prudent de se prêter aux fantaisies d'un auxiliaire si important.

— Cela suffit, dit Henry; et appuyant son épée sur son épaule, il rejoignit le reste des combattans, et se plaça en face du chef du clan de Quhele.

Ce fut alors que, pour la première fois, la résolution d'Eachin parut chanceler. Il avait long-temps regardé Henry comme le combattant le plus redoutable que Perth et tous ses environs eussent pu envoyer dans la lice. A la haine qu'il avait conçue contre lui comme son rival se joignait le souvenir de la facilité avec laquelle, quoique sans armes, il avait déjoué, peu de temps auparavant, son attaque soudaine et désespérée; et quand il le vit, les yeux dirigés de son côté, levant son fer ensanglanté, prêt à l'attaquer personnellement, le courage lui manqua, et il donna quelques symptômes de crainte qui n'échappèrent pas à l'attention de son père nourricier.

Il fut heureux pour Eachin que Torquil, en vrai fils de Gaël, fût incapable de concevoir l'idée qu'un individu de sa tribu, et moins que tout autre, son Chef, son fils nourricier, pût manquer de courage physique. S'il avait pu se l'imaginer, son désespoir et sa rage auraient pu le porter même à trancher le fil des jours d'Eachin, pour l'empêcher d'entacher son honneur. Mais son esprit se refusa à la pensée, qui lui paraissait monstrueuse et contre nature, que son fils nourricier pût être accessible à la lâcheté. L'état où il le voyait était une énigme pour lui, et la supposition qu'il était sous l'influence d'un enchantement était la solution que lui offrait la superstition. Il lui demanda donc avec inquiétude, mais à voix basse : — Le charme agit-il maintenant sur ton esprit, Eachin?

— Oui, misérable que je suis, répondit l'infortuné jeune homme en montrant l'armurier, et voilà le cruel enchanteur.

— Quoi! s'écria Torquil, et vous portez une armure fabriquée de sa main? — Norman, misérable enfant, pourquoi lui avez-vous apporté cette maudite cotte de mailles?

— Si ma flèche s'est écartée du but, répondit Norman an Ord, ma vie sera la seconde que je décocherai. — Tenez ferme, et vous me verrez rompre le charme.

— Oui, tenons ferme! dit Torquil ; il peut être un habile enchanteur, mais mon oreille a entendu, et ma langue a prédit qu'Eachin sortira de ce combat, sain, libre et sans blessure. Voyons si le sorcier saxon peut y donner un démenti. Il peut être robuste, mais toute la forêt du Chêne (1) tombera, branches, tronc et racines, avant qu'il porte la main sur mon fils nourricier. Placez-vous autour de lui, mes fils ! *Bas air son Eachin!*

Les fils de Torquil répétèrent ces mots, qui signifient : Mourons pour Hector !

Encouragé par leur dévouement, Eachin parut se ranimer, et cria d'un ton ferme à ses joueurs de cornemuse : *Seid suas!* c'est-à-dire, sonnez de vos instrumens !

Les sons sauvages du pibroch annoncèrent de nouveau la charge ; mais les deux partis ennemis s'approchèrent d'un pas plus lent que la première fois, en hommes qui avaient appris à se connaître et à respecter mutuellement leur valeur. Henry, dans son impatience de combattre, marcha plus vite que ses compagnons, et fit signe à Eachin d'avancer à sa rencontre. Mais Norman s'élança pour couvrir son frère de lait, et il y eut une pause générale, quoique bien courte, comme si les deux partis eussent voulu tirer de ce combat singulier un augure de la fortune du jour. Le montagnard s'avança l'épée haute comme pour en porter un coup ; mais à l'instant où il arriva à portée de cette arme, il sauta légèrement par-dessus l'épée de Smith, tira son dirk, et se trouvant corps à corps avec Henry, lui porta un coup du poignard qu'il en avait reçu, sur le côté du cou, en le faisant descendre vers la poitrine, et s'écriant en même temps : — Tu m'as appris toi-même comment il faut frapper.

Mais Henry portait son excellent haubert, doublement défendu par une doublure d'acier parfaitement

---

(1) Allusion au nom de Torquil du Chêne et à ses enfans. — Tr.

trempé. Si son armure eût été moins bonne, cet instant eût terminé la carrière de ses combats; elle ne put même le préserver d'une légère blessure.

— Fou! répliqua-t-il en portant à Norman un coup du pommeau de son épée, qui le repoussa en arrière, je t'ai appris à frapper, mais non à parer; et levant en même temps son épée, il la fit tomber avec une telle force sur la tête de son adversaire qu'il lui fendit le crâne, malgré la toque d'acier dont il était couvert. Sautant alors par-dessus le corps inanimé de son ennemi, il courut vers le jeune Chef, qui était en face de lui.

Mais la voix de Torquil, forte comme le tonnerre, s'écria : — *Far eil air son Eachin!* c'est-à-dire, qu'un autre meure pour Hector! et les deux frères placés de chaque côté de leur Chef, s'élançant en avant et attaquant Henry en même temps, obligèrent celui-ci à se tenir sur la défensive.

— En avant, enfans du Chat-Tigre! s'écria Mac-Gillie Chattanach; en avant! au secours du brave Saxon! Que ces éperviers sentent vos griffes!

Quoique ayant déjà reçu plusieurs blessures, le Chef courut lui-même à l'aide de Henry, et il terrassa un des Leichtachs qui l'attaquaient, tandis que la bonne épée de Henry le débarrassait de l'autre.

— *Reist air son Eachin*, qu'on meure encore pour Hector! cria le fidèle père nourricier.

— *Bas air son Eachin*, mourons pour Hector! répétèrent deux de ses fils partageant le même dévouement; et ils soutinrent l'attaque de l'armurier et de ceux qui étaient venus à son aide; tandis qu'Eachin, se portant vers l'aile gauche, y chercha des adversaires moins for-

midables, et, par quelques étincelles de valeur, ranima
l'espoir chancelant de ses compagnons. Les deux enfans du Chêne qui avaient couvert ce mouvement
eurent le même destin que leurs frères, car le cri du
chef du clan de Chattan avait attiré de ce côté quelques-uns de ses plus braves guerriers. Les fils de Torquil ne moururent pourtant pas sans vengeance, les
vivans comme les morts conservant des marques ter-
ribles de leurs claymores. Mais la nécessité de retenir autour de la personne du jeune Chef les soldats
les plus dististingués fut une circonstance qui influa
désavantageusement pour le clan de Quhele sur le résultat du combat. Les rangs des combattans étaient
alors tellement éclaircis, qu'il était facile de voir que le
clan de Chattan n'en comptait plus que quinze, dont
plusieurs étaient blessés, et qu'il n'en restait à celui de
Quhele que dix, dont faisaient encore partie quatre des
gardes-du-corps d'Eachin, en y comprenant Torquil.

On continua pourtant à combattre avec acharnement,
et la fureur semblait redoubler à mesure que les forces
physiques manquaient aux combattans. Henry Smith,
quoique couvert de plusieurs blessures, ne songeait
qu'à exterminer les braves qui continuaient à couvrir
l'objet de son animosité, ou à s'ouvrir un chemin jusqu'à lui; mais le brave Torquil répétait le cri : — *Far
eil air son Eachin!* Les mots: — *Bas air son Eachin!* y ré-
pondaient avec enthousiasme, et quoique le clan de
Quhele eût alors l'infériorité du nombre, l'événement
du combat paraissait encore douteux. Une lassitude
absolue força les deux partis à une autre pause.

On vit alors qu'il ne restait que douze hommes du
clan de Chattan, mais deux ou trois pouvaient à peine

se soutenir sans s'appuyer sur leurs claymores. Le clan de Quhele n'en comptait plus que cinq. Torqu'il et le plus jeune de ses fils, tous deux légèrement blessés, faisaient partie de ce nombre. Eachin seul, d'après le soin qu'on avait pris de parer tous les coups dirigés contre lui, n'avait reçu aucune blessure. L'épuisement avait changé la rage des deux partis en un sombre désespoir. Ceux qui vivaient encore marchaient en chancelant, comme des somnambules, au milieu des corps inanimés étendus par terre, qu'ils regardaient comme pour ranimer leur haine contre ceux de leurs ennemis qui survivaient, en considérant les amis qu'ils avaient perdus.

Bientôt les spectateurs virent ceux qui avaient échappé à ce combat meurtrier se rassembler sur la rive du Tay, terrain que le sang répandu rendait le moins glissant, et qui était le moins encombré de cadavres, pour y terminer l'œuvre d'extermination.

— Pour l'amour du ciel, au nom de la merci que nous lui demandons tous les jours, dit le bon vieux roi au duc d'Albany, mettons fin à ce combat! Ne souffrons pas que ces infortunés restes de créatures humaines continuent une pareille boucherie! Sûrement ils écouteront la raison maintenant, et ils accepteront la paix à des conditions équitables.

— Calmez-vous, sire, lui répondit son frère. Ces montagnards sont une peste pour les basses-terres. Les deux Chefs vivent encore. S'ils se retirent sans danger, la besogne de cette journée ne sert à rien. Souvenez-vous que vous avez promis au conseil de ne pas crier : Assez!

— Vous me forcez à commettre un grand crime,

Albany, tant comme roi qui doit protéger ses sujets que comme chrétien qui doit aimer ses frères.

— Vous vous trompez, sire; ces gens-là ne sont pas des sujets fidèles, mais des rebelles désobéissans, comme lord Crawford peut en rendre témoignage : et ce sont encore moins des chrétiens, car le prieur des Dominicains vous certifiera pour moi qu'ils sont plus d'à-demi païens.

Le roi poussa un profond soupir. — Faites ce qu'il vous plaira, dit-il; vous êtes trop savant pour moi, je ne puis lutter contre vous. Je ne puis que me détourner, fermer les yeux pour ne pas voir un carnage qui me perce le cœur, et me boucher les oreilles pour ne pas entendre le bruit qui l'annonce. Mais je sais que Dieu me punira d'avoir permis cet horrible massacre, et même d'y avoir assisté.

— Sonnez, trompettes! s'écria Albany; leurs blessures deviendront raides s'ils s'amusent plus longtemps.

Pendant cette conversation, Torquil embrassait et encourageait son jeune Chef.

— Résiste au charme seulement quelques minutes encore, lui dit-il; console-toi, tu sortiras du combat sans blessure, sans une égratignure. Console-toi, te dis-je.

— Comment puis-je me consoler, répondit Eachin, quand mes braves frères sont morts à mes pieds l'un après l'autre, sont morts pour moi, qui ne méritais pas un tel dévouement?

— Et pourquoi étaient-ils nés, si ce n'est pour mourir pour leur Chef? répondit Torquil avec sang-froid. Faut-il regretter que la flèche ne rentre pas dans le carquois, quand elle a atteint le but? Console-toi, te dis-je encore. Voici Tormot et moi qui ne sommes que légèrement blessés, tandis que ces chats sauvages se traînent sur la plaine comme s'ils étaient à demi étranglés par les chiens. Tenons ferme encore quelques instans, et le triomphe sera pour vous, quoiqu'il puisse arriver que vous restiez seul pour chanter victoire. — Ménestrels, sonnez la charge !

Le son des instrumens guerriers se fit entendre des deux côtés en même temps, et les restes des deux clans ennemis en vinrent aux mains pour la troisième fois, non plus à la vérité avec la même vigueur, mais avec un acharnement qui n'avait rien perdu de sa violence. Ceux dont le devoir était de garder la neutralité prirent eux-mêmes alors part au combat, trouvant impossible de rester dans l'inaction. Les deux vieux guerriers qui portaient la bannière de leur tribu s'étaient avancés peu à peu des deux extrémités de la lice, et s'étaient approchés du théâtre de cette lutte sanglante. Quand ils virent de plus près cette scène de carnage, ils furent saisis du désir irrésistible de venger leurs frères, ou de mourir avec eux. Ils s'attaquèrent furieusement l'un l'autre avec les lances auxquelles les étendards étaient attachés, se saisirent au corps après s'être fait plusieurs blessures, sans abandonner leurs bannières, et continuèrent cette lutte avec une ardeur si aveugle, qu'ils tombèrent ensemble dans le Tay, où on les trouva noyés après le combat, mais encore enlacés dans les bras l'un de l'autre. La fureur des armes, la rage et le désespoir s'emparèrent ensuite des ménestrels. Les deux joueurs de cornemuse qui, pendant le combat, avaient fait tous leurs efforts pour ranimer le courage de leurs concitoyens, voyant la querelle presque terminée faute de bras pour la soutenir, jetèrent leurs instrumens, et se précipitèrent l'un contre l'autre, le poignard à la main. Chacun d'eux songeant à donner la mort à son adversaire plutôt qu'à se défendre, le musicien du clan de Quhele fut tué presque sur-le-champ, et celui du clan de Chattan tomba au même instant mortellement blessé. Il ramassa pourtant son instrument, et les sons expirans de son pibroch continuèrent à animer les combattans, jusqu'au moment où la vie abandonna celui qui les faisait entendre. L'instrument dont il se servit, ou du moins la partie qu'on appelle le chalumeau, se conserve encore aujourd'hui dans la famille d'un Chef montagnard, où elle est en grande vénération sous le nom de *Federan Dhu*, ou chalumeau noir (1).

Cependant, durant cette dernière charge, le jeune Tormot avait été comme ses frères dévoué par son père à la défense du jeune Chef, et le fer impitoyable de Smith lui avait fait une blessure mortelle. Les deux guerriers qui restaient du clan de Quhele avaient aussi succombé, et Torquil, avec son fils nourricier et Tormot, forcés de battre en retraite, s'arrêtèrent sur le

---

(1) Clunie Mac Pherson, aujourd'hui chef de son clan, possède cet ancien trophée constatant la présence de ses ancêtres sur le North-Inch. Une autre tradition dit qu'un ménestrel aérien parut en cette occasion dans les airs au-dessus du clan de Chattan, et qu'après avoir fait entendre quelques sons sauvages de son instrument, il le laissa tomber. Comme il était de verre, la chute le brisa, et il n'en resta que le chalumeau, qui, suivant l'usage, était fait de *lignum vitæ*. Le joueur de cornemuse de la tribu de Mac Pherson ramassa ce tuyau enchanté, et l'on en regarde la possession comme assurant la prospérité de ce clan.

(*Note de l'auteur.*)

bord du Tay pour y faire un dernier effort, tandis que huit à dix hommes qui restaient du clan de Chattan, s'avançaient à intervalles inégaux, aussi vite que leurs blessures le leur permettaient, pour les attaquer. Torquil arrivait à peine à l'endroit où il avait résolu de vendre sa vie bien cher, quand Tormot tomba à ses pieds et expira à l'instant. Sa mort arracha à son père le premier, le seul soupir qu'il eût poussé pendant ce combat terrible.

— Mon fils Tormot! s'écria-t-il; le plus jeune et le plus cher de tous mes fils! Mais si je sauve Eachin, tout est sauvé! Mon cher fils nourricier, j'ai fait pour toi tout ce que peut faire un homme, excepté le dernier sacrifice. Laisse-moi détacher les agrafes de cette fatale armure, et prends celle de Tormot. Elle est légère, et elle t'ira bien. Pendant ce temps, je vais courir sur ces blessés qui s'avancent, et je les traiterai de mon mieux. J'espère qu'ils ne me donneront pas trop forte besogne, car ils se suivent l'un l'autre comme des chevaux épuisés. Au moins, mon fils chéri, si je ne puis te sauver, je te montrerai comment un homme doit mourir.

Tout en parlant ainsi, Torquil détachait les agrafes du haubert du jeune Chef, sa superstition lui persuadant qu'il romprait ainsi le charme dont l'avaient frappé la crainte et la nécromancie.

— O mon père! et plus que mon père! s'écria le malheureux Eachin, restez près de moi! Vous ayant à mon côté, je sens que je puis combattre jusqu'au dernier soupir.

— Impossible! répondit Torquil. Il faut que je les empêche d'arriver pendant que tu mettras l'armure de

Tormot. Dieu te protège à jamais, enfant chéri de mon ame !

Brandissant son épée, Torquil du Chêne se précipita en avant, en poussant ce même cri fatal qui avait tant de fois retenti sur cette plaine ensanglantée : — *Bas air son Eachin.* Ces mots se firent entendre trois fois prononcés d'une voix de tonnerre, et chaque fois qu'il poussa ce cri de guerre, il fit mordre la poussière à un des guerriers du clan de Chattan qu'il rencontrait successivement. — Bravo, vieux faucon ! Courage ! s'écrièrent les spectateurs, en voyant des efforts prodigieux qui semblaient, même en ce dernier moment, pouvoir encore changer la fortune du jour. Tout à coup le silence succéda à ces cris, et l'on entendit un cliquetis d'épées aussi terrible que si le combat n'eût fait que commencer, par la rencontre de Henry Smith et de Torquil du Chêne. Ils s'attaquèrent d'estoc et de taille avec la même ardeur que si leurs épées n'eussent fait que sortir du fourreau en ce moment. Leur animosité était mutuelle, car Torquil reconnaissait l'infame sorcier, comme il le supposait, qui avait jeté un charme sur son fils nourricier, et Henry voyait devant lui le géant qui, pendant tout le combat, l'avait empêché d'exécuter le seul dessein qui lui avait fait prendre les armes. Ils combattirent avec une égalité qui n'aurait peut-être pas existé si Henry, plus blessé que son antagoniste, n'eût perdu quelque chose de son agilité ordinaire.

Pendant ce temps, Eachin, se trouvant seul, après de vains efforts pour se couvrir de l'armure de son frère de lait, devint animé par un mouvement de honte et de désespoir, et courut en avant pour porter du secours à son père nourricier dans cette lutte terrible, avant que quelque autre guerrier du clan de Chattan eût le temps d'arriver jusqu'à lui. Il n'en était qu'à quinze pas, bien déterminé à prendre sa part dans ce combat à mort, quand son père nourricier tomba, la poitrine fendue d'un coup d'épée, depuis la clavicule presque jusqu'au cœur, et murmurant encore en rendant le dernier soupir : — *Bas air son Eachin.* — Le malheureux jeune homme vit en même temps le dernier de ses amis succomber, et l'ennemi mortel qui l'avait poursuivi avec acharnement pendant tout le combat, debout devant lui, à la distance de la longueur de son épée, et brandissant cette arme pesante qui lui avait ouvert un chemin, à travers tant d'obstacles, pour attaquer sa vie. Peut-être cette vue suffit-elle pour porter au plus haut point sa timidité naturelle; peut-être aussi se rappela-t-il au même instant qu'il n'avait plus d'armure, et que plusieurs autres ennemis, blessés à la vérité, et marchant d'un pas inégal, mais altérés de sang et de vengeance, approchaient de lui à la hâte. Le fait est que son cœur se resserra, sa vue s'obscurcit, ses oreilles tintèrent, sa tête fut attaquée de vertige, toute autre considération disparut devant la crainte de la mort dont il était menacé. Il porta pourtant au hasard un coup d'épée à Henry, et évitant celui qui lui fut adressé en retour, en sautant lestement à reculons, il se précipita dans le Tay avant que l'armurier eût le temps de lever le bras une seconde fois. Des huées bruyantes, que le mépris fit partir de toutes parts, le poursuivirent pendant qu'il traversait ce fleuve à la nage, quoique parmi tous ceux qui faisaient de lui un objet de dérision, il n'y en eût peut-être pas douze qui eussent montré plus de courage dans les mêmes circonstances. Henry suivit des yeux le fuyard avec surprise et en silence, mais il ne put réfléchir sur les conséquences de sa fuite, à cause de la faiblesse qui sembla l'accabler dès qu'il ne fut plus animé par le combat. Il s'assit sur le bord du fleuve, et chercha à arrêter le sang qui coulait de plusieurs de ses blessures.

Les vainqueurs reçurent le tribut d'applaudissemens qui leur était dû. Le duc d'Albany et plusieurs autres seigneurs entrèrent dans la lice, et Henry fut honoré de leur attention particulière.

— Si tu veux t'attacher à moi, mon brave, lui dit Douglas, je changerai ton tablier de cuir pour un ceinturon de chevalier, et je te donnerai un domaine de cent livres de revenu annuel pour que tu puisses soutenir ton rang.

— Je vous remercie bien humblement, milord, répondit l'armurier avec un ton d'accablement. J'ai déjà répandu bien assez de sang, et le ciel m'en a puni en ne me permettant pas d'atteindre le seul but que j'avais en vue en prenant part à ce combat.

— Comment, l'ami! dit Douglas, n'as-tu pas combattu pour le clan de Chattan? n'as-tu pas remporté une glorieuse victoire?

— *J'ai combattu pour ma propre main*, répondit Smith avec un ton d'indifférence; et cette expression devint un proverbe qui est encore aujourd'hui en usage en Écosse. Le bon roi Robert survint en ce moment, monté sur un palefroi marchant à l'amble. Il était entré dans la lice pour faire donner des secours aux blessés.

— Comte de Douglas, dit-il, vous fatiguez ce pauvre jeune homme en lui parlant d'affaires temporelles, quand il paraît n'avoir que peu de temps pour songer aux spirituelles. N'a-t-il pas ici quelques amis pour le transporter en lieu où l'on puisse pourvoir aux besoins de son corps et de son ame?

— Il compte autant d'amis qu'il se trouve d'hommes braves dans Perth, sire, dit sir Patrice Charteris, et je me regarde comme un de ceux qui prennent à lui le plus d'intérêt.

— La caque sent toujours le hareng, dit le hautain Douglas en détournant son cheval; la proposition de recevoir l'ordre de la chevalerie de la main de Douglas l'aurait rappelé des portes de la mort si une goutte de sang noble avait coulé dans ses veines.

Sans faire attention au sarcasme du puissant comte Douglas, le chevalier de Kinfauns descendit de cheval, dans l'intention de soutenir dans ses bras Henry Smith, qui était tombé à la renverse d'épuisement; mais il fut prévenu par Simon Glover, qui venait d'arriver avec plusieurs des premiers bourgeois de la ville.

— Henry! mon cher fils Henry! s'écria le vieillard, pourquoi as-tu pris part à ce fatal combat? Quoi! mourant! sans parole!

— Non, dit Henry; non pas sans parole. Catherine....
Il ne put en dire davantage.

— Catherine se porte bien, j'espère, dit Simon, et elle sera à toi, c'est-à-dire si....

— Si elle est en sûreté, veux-tu dire, vieillard? dit Douglas qui, quoique piqué du refus qu'il avait essuyé de Henry, avait trop de magnanimité pour ne pas prendre intérêt à ce qui se passait dans ce groupe. Elle est en sûreté, si la bannière de Douglas est en état de la protéger; et elle sera riche, car Douglas peut donner la richesse à ceux qui l'estiment plus que l'honneur.

— Quant à la sûreté, milord, répondit Glover, que le noble Douglas daigne accepter les remerciemens et les bénédictions d'un père, mais pour la richesse, nous sommes assez riches, milord. Ce n'est pas l'or qui me rendra ce fils bien-aimé.

— Merveille! s'écria le comte : un manant refuse la noblesse! un bourgeois méprise l'or!

— Avec la permission de Votre Seigneurie, dit sir Patrice Charteris, moi, qui suis noble et chevalier, je prendrai la liberté de dire qu'un homme aussi brave que Henry du Wind n'a pas besoin de titres honorifiques, et qu'un honnête bourgeois, comme ce vieillard respectable, peut aisément se passer d'or.

— Vous avez raison de parler pour votre ville, sir Patrice, répliqua Douglas, et je ne m'en offense pas. Je ne force personne à accepter mes bienfaits. Et s'approchant d'Albany, il lui dit à demi-voix : — Il serait à propos que Votre Grace éloignât le roi de cette scène de carnage; car il faut qu'il apprenne ce soir ce qui sera public demain matin dans toute l'Écosse. Cette querelle est terminée; mais je regrette de voir étendus sur le carreau tant de braves Écossais dont les bras auraient pu décider les batailles à l'avantage de leur patrie.

Ce ne fut pas sans peine qu'on détermina le roi Robert à quitter cette lice ensanglantée. Les larmes coulaient le long de ses joues vénérables et de sa barbe blanche; il conjura les nobles et les prêtres qui l'entouraient, d'accorder tous leurs soins aux corps et aux ames du petit nombre de blessés à qui l'on pouvait espérer de conserver la vie, et de donner aux morts une sépulture honorable. Les prêtres qui étaient présens promirent de se charger de ce double devoir, et ils tinrent leur promesse avec autant de zèle que de fidélité.

Ainsi finit ce combat célèbre. De soixante-quatre braves guerriers, en y comprenant les ménestrels et les porte-étendards qui étaient entrés dans cette lice fatale il n'en restait que sept, qu'on plaça sur des litières dans un état peu différent de celui des morts et des mourans dont ils étaient entourés, et qu'on emporta comme eux du lieu sur lequel ils avaient combattu. Eachin seul l'avait quitté sans blessure...... et sans honneur.

Il ne nous reste qu'à ajouter que pas un seul des champions du Clan de Qubele ne survécut à ce combat sanglant. La dissolution de cette confédération fut la suite de leur défaite. Les noms des clans qui la composaient ne sont plus qu'un objet de conjectures pour l'antiquaire; car, après cette dernière affaire, ils ne se réunirent jamais sous la même bannière. Le clan de Chattan, au contraire, continua à fleurir et à s'accroître; et les meilleures familles des montagnes du nord de l'Écosse se font gloire de descendre de la race des Chats de Montagnes.

CHAPITRE XXXV.

Tandis que le roi retournait à pas lents vers le couvent qu'il habitait alors, Albany, les traits décomposés, dit au comte de Douglas, en balbutiant : — Votre Seigneurie, qui a vu cette scène lamentable à Falkland, ne se chargera-t-elle pas d'apprendre une si triste nouvelle à mon malheureux frère?

— Je ne m'en chargerais pas pour toute l'Ecosse, répondit Douglas. J'aimerais mieux découvrir ma poitrine à portée de flèche, pour servir de but à cent archers du Tynedale. Non, par Sainte-Brigite de Douglas! je ne pourrais que lui dire que j'ai vu ce malheureux jeune prince mort; Votre Grace pourra, peut-être mieux que moi, lui expliquer comment cet événement est arrivé. Si ce n'était à cause de la rébellion de March et de la guerre contre l'Angleterre, je pourrais dire ce que j'en pense. A ces mots, le comte, saluant le roi, prit le chemin qui conduisait à son logement, laissant Albany se tirer d'affaire comme il le pourrait.

— A cause de la rébellion de March et de la guerre contre l'Angleterre? se dit le duc à lui-même. — Oui, et à cause de ton propre intérêt, comte orgueilleux; car, tout impérieux que tu es, tu n'oserais le séparer du mien. — Eh bien! puisque cette tâche tombe sur moi, il faudra bien m'en acquitter.

Il suivit le roi dans son appartement. Robert prit son siège ordinaire, et regarda son frère avec étonnement.

— Comme tes traits sont défaits, Robin! lui dit-il. Je voudrais que tu réfléchisses plus sérieusement quand il s'agit de faire répandre le sang, puisque tu es si profondément affecté quand il est répandu. Et cependant, Robin, je ne t'en aime que davantage, en voyant que ton bon naturel se montre quelquefois, même à travers ta politique étudiée.

— Plût au ciel! mon frère, mon roi dit Albany d'une voix étouffée, que je n'eusse rien de plus funeste à vous apprendre que ce que nous avons vu sur la plaine ensanglantée que nous venons de quitter! Je ne donnerais que bien peu de regrets aux misérables sauvages dont les cadavres y sont empilés. Mais.... Il s'interrompit.

— Comment! s'écria le roi frappé de terreur; quel est ce nouveau malheur? Rothsay.... oui, ce doit être lui, c'est Rothsay..... Explique-toi! Quelle nouvelle folie a-t-il faite? que peut-il lui être arrivé?

— Sire, mon roi, le cours des folies de mon infortuné neveu est fini avec lui.

— Il est mort! il est mort! s'écria l'infortuné père désespéré. — Albany, comme ton frère, je te conjure de..... Mais non, je ne suis plus ton frère; c'est comme ton roi, homme subtil et ténébreux, que je t'ordonne de m'apprendre toute la vérité, quelque affreuse qu'elle soit.

Albany bégaya : — Sire, les détails ne me sont qu'imparfaitement connus. Mais il n'est que trop certain que mon malheureux neveu a été trouvé, la dernière nuit, mort dans son appartement, par suite d'une maladie soudaine, à ce que j'ai entendu dire.

— O Rothsay! ô mon bien-aimé Robert! plût à Dieu que je fusse mort pour toi, mon fils! mon cher fils!

Ainsi parlait, en employant les expressions touchantes de la Sainte-Écriture, ce père infortuné, privé de la plus douce espérance, et arrachant sa barbe et ses cheveux blancs; tandis qu'Albany, muet et bourrelé de remords, n'osait interrompre l'explosion de sa douleur. Mais l'angoisse du roi se changea presque au même instant en un accès de fureur si contraire à son caractère doux et timide, que les remords d'Albany firent place à la crainte.

— Et telle est la fin de tes maximes morales et de tes punitions religieuses! s'écria Robert. Mais le père insensé qui remit son fils entre tes mains, qui livra l'innocent agneau au boucher, est un roi, et tu l'apprendras à tes dépens. Le meurtrier restera-t-il en présence de son frère, les mains teintes du sang du fils de ce frère? Non! — Holà! holà! quelqu'un! — Mac Louis, — mes Brandanes! — Trahison! — Au meurtre! — Aux armes, si vous aimez Stuart!

Mac Louis, à la tête de plusieurs gardes, entra précipitamment dans l'appartement.

— Meurtre et trahison, s'écria le malheureux roi. Brandanes, votre noble prince..... Son chagrin et son agitation ne lui permirent pas de leur annoncer la fatale nouvelle qu'il avait dessein de leur apprendre. Enfin il reprit son discours entrecoupé : — Qu'on prépare sur-le-champ une hache et un billot dans la cour. Qu'on arrête.... Il ne put encore venir à bout de finir cette phrase.

— Qui faut-il arrêter, sire? demanda Mac Louis, qui, voyant le roi dominé par l'influence d'une fureur si peu conforme à sa douceur ordinaire, fut presque tenté de croire que son cerveau avait été dérangé par les horreurs inouïes du combat sanglant dont il venait d'être témoin. Qui faut-il que j'arrête, sire? répéta-t-il; je ne vois ici que le duc d'Albany, le frère de Votre Majesté.

— Tu as raison, dit le roi, son court accès de fureur commençant déjà à se calmer; tu as raison; il n'y a ici personne qu'Albany, personne que le fils de mon père, personne que mon frère. O mon Dieu! donnez-moi la force de résister à cette colère criminelle qui brûle dans mon sein! — *Sancta Maria, ora pro nobis.*

Mac Louis jeta un regard de surprise sur le duc d'Albany, qui chercha à cacher sa confusion sous une affectation de vive pitié.

— Ce cruel malheur, dit-il à l'oreille de l'officier, l'a trop fortement ému pour que sa raison n'en soit pas dérangée.

— Quel malheur, milord? demanda Mac Louis; je n'en ai appris aucun.

— Quoi! répliqua le duc, vous n'avez pas appris la mort de mon neveu Rothsay?

— Le duc de Rothsay mort, milord! s'écria le fidèle Brandane saisi d'horreur et d'étonnement; quand? comment? où?

— Il y a deux jours; les circonstances n'en sont pas encore connues; dans mon château de Falkland.

Mac Louis regarda fixement le duc un seul instant. Puis, l'œil étincelant et d'un air déterminé, il dit au roi, qui semblait encore occupé d'une prière mentale : — Sire, il n'y a qu'une minute ou deux, vous avez prononcé une phrase... une phrase à laquelle il manquait un mot. Prononcez-le ! Votre bon plaisir est une loi pour vos Brandanes.

— Je priais le ciel de me préserver de la tentation, Mac Louis, dit le monarque désolé, et c'est vous qui m'y exposez ! Voudriez-vous donner une arme à un furieux ? — O Albany ! mon ami, mon frère, mon conseiller de cœur ! comment, comment as-tu pu te résoudre à agir ainsi ?

Albany, voyant que le roi commençait à s'adoucir, répondit avec plus de fermeté qu'auparavant : — Mon château, sire, n'oppose pas une barrière au pouvoir de la mort. Je n'ai pas mérité les indignes soupçons qu'annoncent les expressions de Votre Majesté. Je les pardonne à la douleur d'un père privé de son fils ; mais je suis prêt à faire serment devant la croix et l'autel, sur ma part du salut, par l'ame de nos parens communs...

— Tais-toi ! Robert, dit le roi ; n'ajoute pas le parjure au meurtre, et tout cela pour t'approcher d'un pas plus près d'un trône et d'un sceptre ! — Prends-les tout d'un coup, et puisses-tu sentir comme moi qu'ils sont de fer rougi. — O Rothsay ! Rothsay ! tu as du moins échappé au malheur d'être roi !

— Sire, dit Mac Louis, permettez-moi de vous rappeler que le trône et le sceptre d'Écosse, quand Votre Majesté cessera d'en être en possession, appartiennent de droit à votre fils le prince Jacques, qui succède aux droits de son frère.

— Tu as raison, Mac Louis, s'écria le roi avec vivacité; et il succédera, le pauvre enfant, aux périls de son frère! Je te remercie, Mac Louis, je te remercie; tu m'as rappelé qu'il me reste encore quelque chose à faire sur la terre. Fais mettre sous les armes tes Brandanes le plus promptement possible. Que personne ne nous accompagne que ceux dont la fidélité t'est connue; personne surtout qui ait eu des liaisons avec le duc d'Albany, — je veux dire avec cet homme qui se dit mon frère. — Ordonne qu'on prépare ma litière à l'instant même. Nous nous rendrons dans le comté de Dunbarton ou dans celui de Bute, Mac Louis. Des montagnes, des précipices et le cœur de mes Brandanes défendront cet enfant, jusqu'à ce que nous ayons placé l'Océan entre lui et l'ambition cruelle de son oncle. — Adieu, Robert d'Albany! adieu pour toujours, homme sanguinaire et endurci! Jouis de la portion de pouvoir que Douglas voudra bien te laisser, mais ne cherche pas à me revoir. — Garde-toi bien surtout d'approcher du fils qui me reste, car en ce cas mes gardes auront ordre de te percer de leurs pertuisanes.

— Mac Louis, aie soin de donner cet ordre.

Le duc d'Albany se retira sans chercher davantage à se justifier, et sans répliquer un seul mot.

Ce qui suit appartient à l'histoire. Dans la session suivante du parlement d'Écosse, le duc d'Albany obtint de ce corps de le déclarer innocent de la mort de Rothsay, tandis qu'il montra qu'il s'en reconnaissait lui-même coupable, en prenant des lettres d'amnistie ou de pardon pour le crime. Le malheureux et vieux monarque se renferma dans son château de Rothsay, dans le comté de Bute, pour pleurer le fils qu'il avait perdu, et veiller avec inquiétude à la conservation des jours de celui qui lui restait. Il ne vit pas de meilleur moyen pour mettre en sûreté le jeune Jacques que de l'envoyer en France, pour recevoir son éducation à la cour du souverain de ce pays. Mais le vaisseau qui y conduisait le prince d'Écosse fut pris par un croiseur anglais, et quoiqu'il y eût alors une trêve entre les deux royaumes, Henry IV fut assez peu généreux pour le garder prisonnier. Ce dernier coup acheva de briser le cœur de l'infortuné Robert III. La vengeance suivit, quoique à pas lents, la trahison et la cruauté de son frère. A la vérité les cheveux blancs d'Albany descendirent en paix au tombeau, et il transmit à son fils Murdoch la régence qu'il avait acquise par des voies si criminelles. Mais dix-neuf ans après la mort du vieux monarque, Jacques Ier revint en Écosse, et le duc Murdoch d'Albany expia sur l'échafaud, ainsi que ses enfans, les crimes de son père et les siens.

CHAPITRE XXXVI.

Nous retournerons maintenant près de la Jolie Fille de Perth, que Douglas, après la scène horrible qui s'était passée à Falkland, avait envoyée près de sa fille, la duchesse veuve de Rothsay, pour être placée sous sa protection. Cette dame faisait alors sa résidence temporaire dans une maison religieuse nommée Campsie, dont les ruines occupent encore aujourd'hui une situation pittoresque sur les bords du Tay. Elle s'élevait sur le sommet d'une montagne escarpée qui descend dans ce beau fleuve, particulièrement remarquable en cet endroit par la cataracte nommée Campsie-Linn, où ses eaux se précipitent en tumulte par-dessus une chaîne de rochers de basalte, qui en arrête le cours comme une digue élevée par la main de l'homme. Charmés de la beauté d'un site si romantique, les moines de Cupar y élevèrent un édifice dédié à un saint obscur, nommé saint Hunnand, et ils avaient coutume de s'y retirer, soit pour jouir de la vue de ce paysage pittoresque, soit pour se livrer au recueillement de la dévotion. Ils en avaient ouvert les portes avec empressement pour y recevoir la noble dame qui y demeurait en ce moment, tout ce pays étant sous l'influence du puissant lord Drummond, allié de Douglas. La lettre du comte fut remise à la duchesse par le chef de l'escorte qui conduisait à Campsie Catherine et Louise. Quelque raison qu'elle eût de se plaindre de Rothsay, sa fin tragique et inattendue fit une vive impression sur cette noble dame, et elle passa la plus grande partie de la nuit à se livrer à son chagrin et à des exercices de piété.

Le lendemain matin, qui était celui du mémorable dimanche des Rameaux, la duchesse fit venir en sa présence Catherine et Louise. Toutes deux étaient encore plongées dans un accablement causé par les scènes horribles qui s'étaient passées si récemment sous leurs yeux, et l'air de la duchesse Marjory, comme celui de son père, était fait pour inspirer une crainte respectueuse plutôt que pour attirer la confiance. Elle leur parla pourtant avec bonté, quoiqu'elle parût plongée dans une profonde affliction, et elle apprit d'elles tout ce qu'elles pouvaient lui dire du destin d'un époux imprudent et égaré. Elle se montra reconnaissante des efforts que Catherine et Louise avaient faits pour sauver Rothsay du sort horrible qui lui était destiné. Elle les invita à se joindre à ses prières, et quand l'heure du dîner arriva, elle leur donna sa main à baiser et les congédia en les assurant toutes deux, et particulièrement Catherine, de sa protection, qui leur garantirait, dit-elle, celle de son père, et qui serait pour l'une et l'autre un mur de défense aussi long-temps qu'elle vivrait elle-même.

Elles quittèrent la princesse veuve pour aller prendre leur repas avec ses duègnes et ses dames, dont, au milieu de leur profond chagrin, l'air de dignité imposante glaça le cœur léger de la chanteuse française, et fit même éprouver quelque contrainte au caractère plus sérieux de Catherine Glover. Les deux amies, car nous pouvons les nommer ainsi, ne furent donc pas fâchées de se dérober à la société de ces dames qui, étant toutes de noble naissance, croyaient y déroger en admettant dans leur compagnie la fille d'un bourgeois et une chanteuse errante, et qui les virent avec plaisir sortir pour aller faire une promenade dans les environs du couvent. Un petit jardin, rempli d'arbustes et d'arbres fruitiers, s'avançait d'un côté du monastère jusqu'au précipice, dont il n'était séparé que par un parapet construit sur le bord du rocher, et si peu élevé que l'œil pouvait mesurer la profondeur de l'abîme, et voir l'eau du fleuve se précipiter en écumant et à grand bruit au-dessus du récif qui était sous leurs pieds.

La Jolie Fille de Perth et sa compagne se promenaient à pas lents dans un sentier qui bordait ce parapet dans l'intérieur du jardin, en regardant une vue pittoresque qui les mettait à portée de juger de ce qu'elle devait être quand la saison plus avancée ornait les arbres et la terre de leur parure. Elles gardèrent quelque temps un profond silence. Enfin la gaieté et la hardiesse de l'esprit de Louise s'élevèrent au-dessus des circonstances dans lesquelles elle était encore placée.

— Les horreurs de Falkland, belle Catherine, dit-elle, vous laissent-elles encore plongée dans l'abattement? Tâchez de les oublier comme je le fais : nous ne pouvons fouler légèrement le sentier de la vie si nous ne secouons les gouttes de pluie qui tombent sur nos mantes.

— Ces horreurs sont de nature à ne pas s'oublier, répondit Catherine; mais c'est l'inquiétude pour la sûreté de mon père qui m'agite en ce moment, et je ne puis m'empêcher de penser combien de braves gens perdent peut-être la vie en cet instant, seulement à six milles d'ici.

— Vous voulez parler du combat entre soixante champions, dont l'écuyer de Douglas vous a parlé hier? Quel spectacle ce serait pour les yeux d'un ménestrel! Mais fi de mes yeux de femme! ils n'ont jamais pu voir des épées se croiser sans être éblouis. Mais voyez donc! regardez là-bas, Catherine; là-bas : ce messager qui paraît si pressé apporte certainement des nouvelles du combat.

— Il me semble que je reconnais celui qui court si vite, dit Catherine; mais si c'est celui que je pense, quelques étranges pensées semblent lui donner des ailes.

Tandis qu'elle parlait ainsi, l'individu qui courait avec tant de précipitation se dirigeait vers le jardin. Le petit chien de Louise courut à sa rencontre en aboyant; mais il revint à la hâte, et se tapit en rampant derrière sa maîtresse, en continuant à gronder; car les animaux eux-mêmes savent distinguer quand l'homme est emporté par l'énergie fougueuse d'une passion irrésistible, et ils craignent de le rencontrer dans sa carrière ou de se trouver sur son passage. Le fugitif entra dans le jardin sans ralentir sa course. Il avait la tête nue et les cheveux épars. Son riche hoqueton et ses autres vêtemens semblaient avoir été tout récemment trempés dans l'eau; ses brodequins de cuir étaient coupés et déchirés, et ses pieds laissaient des traces de sang sur le sol qu'ils pressaient. Il avait l'air hagard, égaré, ou, suivant l'expression écossaise, exalté (1).

— Conachar! dit Catherine tandis qu'il avançait sans paraître voir ce qui était devant lui, comme le font les lièvres, dit-on, quand ils sont serrés de près par les lévriers; mais il s'arrêta tout à coup en entendant prononcer son nom.

— Conachar! dit Catherine, ou pour mieux dire, Eachin Mac-Ian, que signifie tout cela? le clan de Quhele a-t-il été vaincu?

— J'ai porté les noms que me donne cette jeune fille, dit le fugitif après un moment de réflexion; oui, je m'appelais Conachar quand j'étais heureux, et Eachin quand j'étais puissant; mais à présent je n'ai plus de nom: il n'existe aucun clan qui porte celui que tu viens de prononcer, et il faut que tu sois folle pour parler de ce qui n'existe pas à quelqu'un qui n'a plus d'existence.

— Hélas! infortuné...

— Et pourquoi infortuné? Si je suis un lâche et un traître, la trahison et la lâcheté ne commandent-elles pas aux élémens? N'ai-je pas bravé l'eau du Tay sans qu'elle m'étouffât? N'ai-je pas couru sur la terre sans qu'elle s'ouvrît pour m'engloutir? Quel mortel pourrait s'opposer à mes desseins?

— Hélas! il est dans le délire, dit Catherine; allez appeler du secours, Louise; il ne me fera aucun mal, et je crains qu'il ne s'en fasse à lui-même. Voyez quels regards il jette sur cette terrible cataracte.

Louise se hâta de faire ce que venait de lui ordonner Catherine, et l'esprit à demi égaré d'Eachin sembla se

(1) *Raised*, exalté, en délire. — ÉD.

calmer par son absence : — Catherine, dit-il, à présent qu'elle est partie, je te dirai que je te reconnais. Je sais combien tu aimes la paix, combien tu détestes la guerre : écoute-moi ; plutôt que de porter un coup à mon ennemi j'ai renoncé à tout ce qu'un homme a de plus cher ; j'ai perdu honneur, renommée, amis, et quels amis ! ajouta-t-il en se couvrant le visage des deux mains : oh ! leur amour surpassait l'amour d'une femme. Pourquoi cacherais-je mes pleurs ? Tout le monde a vu ma honte, tout le monde doit voir mon chagrin : oui, tout le monde peut le voir, mais qui en aura pitié ? Catherine, tandis que je courais le long de la vallée, comme un insensé, les hommes et les femmes me criaient : — Fi ! fi ! Le mendiant à qui je jetai une pièce d'argent pour en acheter une bénédiction, s'en détourna avec dédain en s'écriant : — Malédiction au lâche ! Chaque cloche dont j'entendais le son me semblait répéter : — Honte au fuyard ! Les troupeaux en bêlant et en mugissant, les vents en sifflant, ces eaux furieuses en grondant, faisaient entendre à mes oreilles : — Infamie au poltron ! Mes fidèles Leichtachs sont à ma poursuite, et ils me crient d'une voix faible : — Frappe un seul coup pour nous venger : nous sommes morts pour toi !

Tandis que le malheureux jeune homme prononçait ces paroles incohérentes, un léger bruit se fit entendre dans les buissons. — Il n'y a qu'un moyen, s'écria-t-il en sautant sur le parapet et en jetant en même temps un coup d'œil effrayé vers les buissons, qu'une couple de domestiques traversaient avec précaution, dans le dessein de le surprendre ; mais dès l'instant qu'il en vit sortir une figure humaine, il leva les mains au-dessus de sa tête d'un air égaré, et s'écriant : *Bas an air Eachin !*

il se précipita dans la cataracte qui écumait sous ses pieds.

Il est inutile de dire qu'un duvet de chardon, seul, aurait pu ne pas être brisé en pièces par une pareille chute. Mais les eaux du fleuve étaient très-hautes, et les restes du malheureux jeune homme ne se retrouvèrent jamais. La tradition fournit plus d'un supplément à son histoire : suivant les uns, le jeune chef du clan de Quhele gagna la rive à la nage bien au-dessous de Campsie-Linn, et, tandis qu'il errait, livré au désespoir, dans les déserts de Rannoch, il y rencontra le père Clément, qui habitait un ermitage dans cette solitude, comme les anciens moines d'Écosse nommés Culdes. Il convertit, dit-on, le repentant Conachar, qui partagea la cellule, les exercices religieux et les privations du bon père, jusqu'à l'instant où la mort les retira tous les deux de ce monde.

Une autre légende, beaucoup plus étrange, suppose qu'il fut sauvé de la mort par les Daione-Shie, c'est-à-dire les fées, et qu'il continue à errer dans les bois et les endroits solitaires, armé comme les anciens montagnards, mais portant son épée de la main gauche. Le fantôme semble toujours plongé dans un profond chagrin. Quelquefois il paraît disposé à attaquer le voyageur, mais quand on lui résiste avec courage, il prend toujours la fuite. Cette légende est fondée sur deux points particuliers de son histoire, sa timidité naturelle et le suicide qu'il commit, circonstances sans exemple dans l'histoire d'un Chef montagnard.

Lorsque Simon Glover, après avoir veillé à ce que son ami Henry Smith reçût les secours dont il avait besoin dans sa maison de Curfew-Street, arriva dans la soirée du même jour à Campsie, il y trouva sa fille attaquée d'une forte fièvre, suite de l'agitation que lui avaient occasionée les scènes dont elle avait été si récemment témoin, et surtout la catastrophe qui l'avait séparée tout à coup de l'infortuné compagnon de sa première jeunesse. L'affection de Louise en fit une garde-malade si attentive et si soigneuse, que Glover déclara que ce ne serait pas sa faute si elle avait, à l'avenir, recours à sa viole autrement que pour s'amuser elle-même.

Il se passa quelque temps avant que Simon se hasardât à informer sa fille des derniers exploits de Henry et des blessures sérieuses qu'il avait reçues dans le combat; et il eut soin de faire valoir la circonstance encourageante que son amant fidèle avait refusé les honneurs et les richesses, plutôt que de devenir un soldat de profession et de s'attacher à Douglas. Catherine soupira profondément en écoutant la relation du combat sanglant qui avait eu lieu le dimanche des Rameaux sur le North-Inch. Mais elle avait probablement réfléchi que les hommes prennent rarement l'avance sur leur siècle en fait de civilisation, et qu'un courage téméraire et excessif, comme celui de Henry, était préférable, dans l'âge de fer où il vivait, à la lâcheté qui avait amené la catastrophe de Conachar. Si elle avait quelques doutes à ce sujet, ils furent dissipés en temps convenable par les protestations de Henry, dès que sa santé rétablie lui permit de plaider lui-même sa cause.

— Je rougis presque de dire, Catherine, lui assura-t-il, que l'idée seule d'un combat me répugne aujourd'hui. Celui du dimanche des Rameaux a offert assez de carnage pour rassasier un tigre. Je suis donc résolu à suspendre désormais ma grande épée, et à ne plus la tirer du fourreau que contre les ennemis de l'Écosse.

— Et si l'Écosse en avait besoin, répondit Catherine, je l'attacherais moi-même à votre ceinturon.

— Et nous paierons libéralement, Catherine, dit Glover au comble de ses vœux, pour faire dire des messes pour le repos de l'ame de ceux dont l'épée de Henry a abrégé les jours. Cela fera oublier quelques petites peccadilles, et nous remettra dans les bonnes graces de la sainte Église.

— Et nous pourrons y employer, mon père, dit Catherine, les trésors que le misérable Dwining m'a légués; car je crois que vous ne voudriez pas qu'une fortune qui est peut-être le prix du sang, fût mêlée à celle que vous devez à une honorable industrie.

— J'aimerais autant introduire la peste dans ma maison, répondit Glover d'un ton décidé.

En conséquence les trésors du scélérat apothicaire furent distribués aux quatre monastères de Perth; et depuis cette époque, pas le moindre soupçon ne s'éleva sur les principes orthodoxes du vieux Simon ou de sa fille.

Le mariage de Henry et de Catherine eut lieu quatre mois après le combat de North-Inch, et jamais les corporations des gantiers et des armuriers ne dansèrent la danse du sabre avec plus de gaieté qu'aux noces du plus brave bourgeois et de la plus jolie fille de Perth. Dix mois après, un berceau arrangé avec soin contenait un bel enfant que Louise berçait en chantant :

O Bleu Bonnet, toujours fier et fidèle.

Les noms des parrain et marraine de l'enfant, portés

sur son acte de naissance, sont : — Haut et puissant seigneur Archibald, comte de Douglas; honorable et brave chevalier sir Patrice Charteris de Kinfauns; et gracieuse princesse Marjory, veuve douairière de Son Altesse sérénissime Robert, de son vivant duc de Rothsay. Avec de pareils protecteurs, une famille s'élève rapidement. Aussi plusieurs des familles les plus respectables d'Écosse et surtout du comté de Perth, et grand nombre d'individus distingués dans la carrière des arts et dans celle des armes, se font gloire de descendre du *Gow Chrom* et de la Jolie Fille de Perth (1).

(1) Une certaine hostilité bien moins littéraire que politique, s'était récemment attachée au nom et au talent même de sir Walter Scott; mais déjà on se lassait de bouder un auteur favori qu'on ne pouvait se lasser de relire lorsque la *Jolie Fille de Perth* est venue dissiper entièrement ces fâcheux nuages. Ce roman a obtenu un succès égal à celui d'*Ivanhoe* et des *Puritains*. Nous n'en conclurons pas néanmoins qu'il puisse être mis sur la même ligne que ces deux chefs-d'œuvre, malgré le bonheur avec lequel Walter Scott a tracé le caractère du vieux roi Robert III, digne du Prusias de notre Corneille, et celui du jeune Rothsay, qui rappelle le Henry V de Shakspeare; mais sans citer quelques autres portraits non moins remarquables et quelques scènes d'un véritable intérêt dramatique, ce qui, selon nous, peut classer *la Jolie Fille de Perth* au nombre des meilleurs ouvrages de Walter Scott, c'est le mérite historique de ce roman, où nous trouvons la vivante peinture d'une époque jusqu'ici peu connue; c'est pour ainsi dire une brillante prosopopée de l'Écosse du moyen âge avec le cortège nombreux de ses princes, de ses nobles, de son clergé, de ses bourgeois et de ses hommes d'armes, des clans sauvages de ses montagnes, de toutes les classes enfin de sa population. Ce mérite, nous l'avons déjà applaudi dans plus d'un ouvrage du même auteur, mais dans peu, ce nous semble, le tableau est aussi complet, aussi varié que dans *la Jolie Fille de Perth*.

Le lecteur nous saura gré de rapprocher de la conclusion quelques lignes sur la famille du malheureux Robert : ce monarque fit partir son fils Jacques pour la France, afin de le soustraire aux dangereux projets d'Albany ; mais le jeune prince, qui n'avait encore qu'onze ans, fut pris par un corsaire anglais et conduit à Londres. Le roi Henry, en violation de la trêve entre l'Angleterre et l'Écosse, le retint captif ; à cette nouvelle Robert III mourut de désespoir la dix-septième année de son règne.

Le duc d'Albany entama une négociation pour racheter son neveu, et leva même un impôt sous prétexte de payer sa rançon ; mais le régent d'Écosse et le roi d'Angleterre étaient également intéressés à faire traîner cette négociation en longueur, et Jacques ne fut rendu à la liberté qu'après dix-huit ans de captivité, à la mort de Henry V, moyennant 40,000 livres sterling qu'exigea le protecteur Bedford. Le duc d'Albany n'était plus, et son fils Murdoch lui avait succédé à la régence, comme si c'eût été une charge héréditaire. Jacques Ier monta sur le trône aux acclamations de ses sujets, et il se trouva assez fort pour faire juger et exécuter le régent son cousin. Le règne du fils de Robert III fut un des plus glorieux dans l'histoire de la dynastie des Stuarts. — Éd.

FIN DU TOME TROISIÈME.

ŒUVRES COMPLÈTES
DE
JAMES FENIMORE COOPER.

Cette édition sera précédée d'une notice historique et littéraire sur les États-Unis d'Amérique; elle formera vingt-sept vol. in-dix-huit, imprimés en caractères neufs de la fonderie de Firmin Didot, sur papier jésus vélin superfin satiné; ornés de vingt-sept gravures à l'eau forte; de vingt-sept titres avec des vignettes représentant des scènes tirées des romans américains et des vues des lieux décrits par l'auteur, gravés en taille-douce par MM. Alfred et Tony Johannot, sur leurs propres dessins, composés d'après des documens authentiques; de neuf cartes géographiques destinées spécialement à chaque ouvrage, par A. Perrot et P. Tardieu; d'une carte générale des États-Unis d'Amérique, et d'un portrait de l'auteur. La traduction est entièrement revue sur le texte, et elle est accompagnée de notes explicatives.

ŒUVRES COMPLÈTES
DE SIR WALTER SCOTT.

Cette édition est précédée d'une notice historique et littéraire. La traduction est entièrement revue sur le texte, et elle est accompagnée de notes explicatives. Elle formera quatre-vingts vol. in-18, ornés de 250 gravures, vignettes et cartes géographiques, et d'un portrait de l'auteur.

CONDITIONS DE LA SOUSCRIPTION AUX DEUX COLLECTIONS.

Il paraît tous les mois une livraison de chacun des auteurs. Chaque livraison se compose de trois vol. de texte et d'un atlas renfermant les planches. Prix : 12 fr.

ON SOUSCRIT, SANS RIEN PAYER D'AVANCE, CHEZ LES ÉDITEURS,

CHARLES GOSSELIN, LIBRAIRE	A. SAUTELET ET Cⁱᵉ,
DE S. A. R. M. LE DUC DE BORDEAUX,	LIBRAIRES,
Rue St.-Germain-des-Prés, n. 9.	Place de la Bourse.

www.ingramcontent.com/pod-product-compliance
Lightning Source LLC
Chambersburg PA
CBHW050329170426
43200CB00009BA/1515